中国人とのビジネスが必ず上手くいく!
中国語、魔法の黄金フレーズ

中国ビジネスコーディネーター
常泉 精吾 著
(つねいずみ せいご)

早美出版社

目次

はじめに ● 「ハイ！すぐやります。」 ……………………………… 8
中国語の発音について …………………………………………… 12

第1章
このフレーズで最強チームを作れ！

01 ありがとう。 …………………………………………………… 20
02 なんて呼んだらいい？ ………………………………………… 21
03 あなたと働けてうれしいよ。 ………………………………… 22
04 これからもその調子でがんばろうね！ ……………………… 23
05 毎日お疲れ様ね！ ……………………………………………… 24
06 君は絶対うまくいくよ。 ……………………………………… 25
07 あなたに会えて本当にうれしい。 …………………………… 26
08 私たちは一心同体！ …………………………………………… 27
09 そう！そう！私もそう思うよ。 ……………………………… 28
10 あなたたちを幸せにしたい。 ………………………………… 29
11 もう慣れたかな？ ……………………………………………… 30
12 あなたなら安心だよ。ここに気をつけるといいよ。 ……… 31
13 私たちは友達だよ！ …………………………………………… 32
14 君のおかげで職場が明るくなるよ。 ………………………… 33
15 君はなんでもできるね。 ……………………………………… 34
16 入社したばかりなのに、よくこれだけ覚えたね！ ………… 35

17	さすが○○さん！	36
18	あなたを心から信頼しているよ。	37
19	素晴らしい仕事ぶりだね！	38
20	あなたがいれば、大丈夫だね！	39
21	あなたのおかげでうまくいったよ。	40
22	よくやった！どんな工夫をしたの？	41
23	あなたの未来は素晴らしい。	42
24	あなたってほんとすごいね！	43
25	さすがだね。お客さんがあなたを褒めていたよ。	44
26	協調性のある君に感謝しているよ。	45
27	君の貢献を高く評価しているよ！	46
28	あなたの成長が私の喜びです。	47
29	あなたの夢は私の夢。	48
30	ずっとみているよ。	49
31	あなたはみんなに好かれるね！	50
32	あなたはみんなの模範だよ。	51
33	今回は、すごくいい経験をしたね！	52
34	良かったね！がんばった甲斐があったね。	53
35	次はどんな伝説を創ろうか？	54
36	君の笑顔は素敵だね。	55
37	楽しく行こう！	56
38	君を誇りに思う。	57

第2章
このフレーズで問題や逆境を乗り越えろ！

39 昨日より今日。今日より明日。改善を楽しもう！ ……… 60

40 あなたの仕事でもっとよいやり方はないですか？ ……… 61

41 もっと簡単に考えてみようよ。 ……… 62

42 なにか困ってることはありませんか？ ……… 63

43 こういうふうにしてくれると、私はすごいうれしい！ ……… 64

44 質問があれば、いつでも私のところに来てくださいね。 ……… 65

45 まず事実だけ教えてくださいね。 ……… 66

46 大丈夫。失敗は成功に不可欠なんだ。 ……… 67

47 期待しているよ。 ……… 68

48 じゃあ、違う方法でやってみようよ。 ……… 69

49 君ならできるよ。 ……… 70

50 誰でも間違いはあるよ。大丈夫！ ……… 71

51 よし、その方法でやってみよう。 ……… 72

52 失敗してもいいから、思うようにやってごらん。 ……… 73

53 みんなでこの会社を変えよう。 ……… 74

54 あなたがこの会社になくてはならない人材だと思っているよ。 ……… 75

55 責任は私がとる。だから思いっきりやろう！ ……… 76

56 私はいつもあなたの味方だよ。 ……… 77

57 失敗の先を見てみよう。最後にうまくいくから大丈夫。 ……… 78

58 あなたなら絶対できるよ。私が保証するよ。 ……… 79

59 あきらめるな！ ……… 80

60 今の仕事を通じて、得られるものってない？ ……… 81

61 自分がどれだけ成長したか、1年前を考えてごらん。 ……… 82

62 そのときどんな気持ちだった？ ……… 83

63 あなたの意見に興味があります。 ……… 84

64 この会社はあなたでもっているんだよ。 ……… 85

第3章
このフレーズで会社を成功させろ！

65 仕事の上で、あなたが一番大事にしていることは
なんですか？ ……… 88

66 あなたの夢の実現の為に、
あなたにもっとしてあげられることありませんか？ ……… 89

67 今日は○○課長の誕生日、みんなでお祝いしよう。 ……… 90

68 一緒にがんばろう！ ……… 91

69 世界一の会社にしよう！ ……… 92

70 おっ、素晴らしいアイデアだね！ ……… 93

71 すごく仕事ができるね！ ……… 94

72 やり方は任せるが、この結果は必ず出してほしい。 ……… 95

73 いつまでにできますか？ ……… 96

74 この結果を出すために、
する必要のないことはなんだろう？ ……… 97

75 現状はどうなってる？ ……………………………… 98

76 たしかにそうだね。
でも彼の部門の立場から考えてみるとどう思う？ ……… 99

77 この会議の目的はなんだったっけ？ ……………………… 100

78 この経験から学べることってなんだろうね？ …………… 101

あとがき ● すべては心のあり方から ……………………… 102

 本書の音声は、著者のホームページからダウンロードが可能です。詳しくは下記のURLまで。
http://www.seigot1124.com/

はじめに
「ハイ！ すぐやります。」

「ハイ！すぐやります。」

ある日の朝、中国人スタッフの張君が、上司の山田部長からの指示に対して社内全体に響き渡る大きな声で答えています。

その日の夕方4時の役員会議で使う資料の作成を張君に頼んで、山田部長もひと安心。その後、本社からの電話応対や社内の現場確認で大忙し。そろそろ役員会議が始まろうとしたその時、休憩室で同僚と楽しそうに話している張君を見つけました。

山田部長	「資料大変だっただろう？お疲れ様」
張君	「え？今日は忙しいので、明日には始められるかと思います」
山田部長	「さっき、すぐって言ったよね？」
張君	「いま抱えている仕事が終わったらすぐやりますよ」
山田部長	「・・・」

中国人と仕事をする我々は、中国人の考え方を理解しなければなりません。この場合であれば、中国人の時間の観念は、日本人のそれと比べ緩く曖昧であることを知った上で、中国

人スタッフへの指示は「いつまでにできますか?」という締め切りを決める一言が必要だったのです。

90年代、コスト競争に勝つために日本企業が一斉に中国進出をはじめて久しい昨今、残念ながら、いまだにこれが中国の日系企業のあちらこちらで起きている現実です。

歴史も民族も違う日本と中国。だから、考え方も当然違います。大事なことは、まず中国人スタッフと仕事をする私たちが、中国人の考え方を謙虚な気持ちで知ろうとすることです。そのうえで、中国人という実態を的確に把握し、どうすればうまく付き合っていけるか、どうすれば同じ会社の人間として会社を発展させ、お互いの成長を喜ぶことができるのかを見つけていきましょう。

その答えは、言葉にありました。
的確な言葉を、的確なタイミングで使うと、彼らは本当に生き生きとした表情をして、会社のために、堅実に仕事をしてくれるのです。中国語の学習を通して、中国人を理解したいという姿勢を言葉で示すことです。そして我々から歩み寄り、言葉を使って国籍を超えた心の交流を目指しましょう。同じ会社で同じ夢を追いかけるかけがえのない仲間なのですから。

2012年9月、尖閣問題を原因として多くの日系企業でデモに便乗したストライキが行われました。でも私の在籍する会社ではストライキや暴動は絶対に起きないと確信していました。なぜなら、私たちは日々、仕事で切磋琢磨する中で、彼らの心には日本人も同じ人間で同じ仲間だという深い理解が

あることを身をもって知っていたからなのです。

中国がデモで荒れ狂った9月18日、マスコミの過激な報道のなか、逆にたくさんのスタッフが、「何があってもあなたを守ります」と言ってくれたのです。

私は今までの経験から、言葉による感情レベルが充分につながりあっていることが、中国での安定的な経営を可能にし、日中ビジネスの発展はますます加速していくと信じています。

このようにお伝えしている私自身も、実はほんの数年前まで日本人と中国人の考え方の違いに悩んでいました。肩を落として歩いていった病院で、医師の診断結果は自律神経失調症。

もう無理だと中国でのキャリアをあきらめ、一度日本に戻ろうとしたそのとき、親友に勧められたセミナーが私の人生を大きく変えました。

それはアンソニー・ロビンズのセミナーで、感情は自分でコントロールするものだと知ったのです。強力な武器を手に入れた私は、アンソニー・ロビンズから直接学んだ世界最高レベルのコーチング技術を使って、中国人との関係性を次々に変えていきました。そして、13年にわたり2000人を超える中国人と接した経験をベースに試行錯誤を重ね、中国人スタッフの心を動かす言葉を見つけ、実践していきました。その結果、会社の業績は5年連続で増収したのです。

のちに、その言葉を中国人スタッフに悩む多くの駐在員に伝授したところ、これまで「これだから、中国人は・・・」と嘆いていたのがまるで嘘のように、「1年で売上が倍になりました！」や「中国人との仕事が楽しくて仕方がない。」

など、うれしい報告が続々と舞い込んできています。

　この本は、中国人スタッフの心を動かす成功フレーズを集めたものです。その効果は既に実証されています。また、中国語初心者でも理解できるよう、できる限り平易な表現にしてあります。

　時間は限りある貴重なものです。本書で紹介する中国語のフレーズを覚えれば、考えられないほど短期間のうちに、あなたの会社の中国人スタッフに心から信頼され、あなた自身も驚くことでしょう。本書があなたを今いる場所から理想の場所へと導くバイブルとなることを願ってやみません。本書を使って、より早く中国ビジネスでの成功を手に入れましょう。もう中国人スタッフに悩んだ日々とお別れです。

　さあ、すばらしい未来があなたを待っています！

> 本文のいいねマークの数値はそのフレーズの影響力の大きさを示しています。参考にしましょう。

中国語の発音について

中国語の発音は、中国式アクセントと中国式ローマ字の組み合わせによって発音します。

●中国式アクセント（4つの声調と軽声）

中国語の発音は、まず声調が非常に重要です。声調とは声の高低や上げ下げの調子、つまりアクセントのことです。
中国語には第1声から第4声までの4種類の声調があることから、四声（しせい）と呼ばれます。

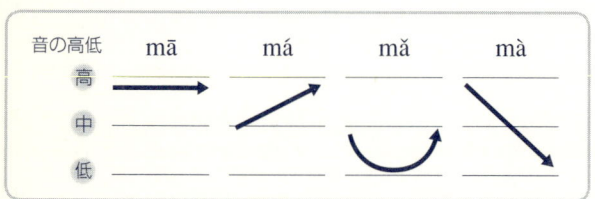

第1声　高音のまま水平に伸ばします。時報がピーと鳴る音に近いです。
第2声　中くらいの高さから一気に引っ張り上げます。驚いて「エッ？」と聞き返す感じです。
第3声　低音でぐっと抑え込みます。がっかりして「あーあ」と言ったときの感じです。
第4声　高音から低音に一気に下げます。カラスが「カァ」と鳴く感じです。

たとえば同じ「ma」という発音でも全く違う意味になります。
ピンインのローマ字の上の ― ／ ∨ ＼ が声調を表す符号になります。

第1声	第2声	第3声	第4声	軽声
mā	má	mǎ	mà	māma
「妈」	「麻」	「马」	「骂」	「妈妈」
おかあさん	麻	馬	ののしる	おかあさん

おかあさんを意味する発音は「mā」ですが、普通の会話では「māma」と「ma」をもう一つ続けます。
この後ろの「ma」を軽声（けいせい）といいます。軽声は軽く短く発音し、声調符号は付けません。

●中国式ローマ字（ピンイン）

中国語の発音はピンインと呼ばれるローマ字綴りで表記します。
ピンインは次ページのように母音と子音の組み合わせで構成されます。

基本母音の発音

a 日本語の「ア」より口を大きく開けてはっきりと明るい声で。
o 日本語の「オ」より唇をまるく突き出して。
e 日本語の「エ」の口の形で「オー」と言う感じ。
i 日本語の「イ」より口を左右に引っ張って「イー」と言おう。
u 日本語の「ウ」より唇をすぼめて「ウー」と言おう。
ü 日本語の「ウ」の口の形で「イー」と言おう。
　「ユ」と「イ」を合わせたような音。

覚えておこう …変調

下記の3つの場合には、声調が変化しますので注意しましょう。

① 第3声＋第3声のときは、第2声＋第3声に発音します。

　　Nǐ hǎo　⇒　Ní hǎo
　　你 好　　　　你 好

「你」も「好」も単独では第3声ですが、組み合わさると第3声＋第3声となるため「你」を第2声で発音します。（声調符号は第3声のまま変わりません。）

② 「不」はもともと第4声ですが、後ろに第4声が来ると、第2声に声調が変化します。

　　bù lèi　⇒　bú lèi
　　不 累　　　　不 累　　（声調符号は第2声に変わります。）

③ 「一」は単独の場合や語あるいは文の終わりにきた場合、順序を表す序数の場合は、本来の第一声で発音されますが、次のケースで声調が変わります。

・後ろに第4声がくると第2声に変わります。

　　yī yàng　⇒　yí yàng
　　一 様　　　　一 様

・後ろに第4声以外がくると第4声に変わります。

　　yī nián　⇒　yì nián
　　一 年　　　　一 年　　（声調符号もそれぞれ変わります。）

中国語の母音と子音・その組み合わせでできる音①

中国語には、30以上の母音と21の子音があります。その組み合わせを表にまとめました（基本になる単母音は6つです）。

母音 子音	a	o	e	-i	er	ai	ei	ao	ou	an	en	ang	eng	ong	i	ia	ie	iao
b	ba バー	bo ボォ				bai バァイ	bei ベイ	bao バオ		ban バァン	ben ベン	bang バァん	beng べん		bi ビー		bie ビィエ	biao ビァ
p	pa パー	po ポォ				pai パァイ	pei ペイ	pao パオ	pou ポォウ	pan パァン	pen ペン	pang パァん	peng ペん		pi ピー		pie ピィエ	piao ピァ
m	ma マー	mo モォ	me マョ			mai マァイ	mei メイ	mao マオ	mou モォウ	man マァン	men メン	mang マァん	meng メん		mi ミー		mie ミィエ	miao ミァ
f	fa ファー	fo フォ					fei フェイ		fou フォウ	fan ファン	fen フェン	fang ファん	feng フォん					
d	da ダー		de ドョ			dai ダァイ	dei デェイ	dao ダオ	dou ドォウ	dan ダァン		dang ダァん	deng ドん	dong ドぉん	di ディー	dia ディア	die ディエ	diao ディア
t	ta ター		te トョ			tai タァイ		tao タァオ	tou トォウ	tan タァン		tang タァん	teng トん	tong トぉん	ti ティー		tie ティエ	tiao ティア
n	na ナー		ne ナョ			nai ナァイ	nei ネェイ	nao ナァオ	nou ノォウ	nan ナァン	nen ネェン	nang ナァん	neng ノん	nong ノぉん	ni ニー		nie ニィエ	niao ニァ
l	la ラー		le ラョ			lai ラァイ	lei レェイ	lao ラァオ	lou ロォウ	lan ラァン		lang ラァん	leng ラん	long ロぉん	li リー	lia リィア	lie リィエ	liao リァ
g	ga ガー		ge グョ			gai ガァイ	gei グェイ	gao ガァオ	gou ゴォウ	gan ガァン	gen ゲェン	gang ガァん	geng ゲん	gong ゴぉん				
k	ka カー		ke クョ			kai カァイ	kei ケェイ	kao カァオ	kou コォウ	kan カァン	ken ケェン	kang カァん	keng ケん	kong コぉん				
h	ha ハー		he フョ			hai ハァイ	hei ヘェイ	hao ハァオ	hou ホォウ	han ハァン	hen ヘェン	hang ハァん	heng ヘん	hong ホぉん				

◆ ひらがなの「ん」は鼻の奥に抜ける音で、「んぐ(ng)」という感じ。
　日本語の「案外(あんがい)」と発音した時の「ん」に近い。
◆「ぢ」「ち」「し」「ら」「る」などのひらがな部分は巻き舌で発音する。

iou	ian	in	iang	ing	iong	u	ua	uo	uai	uei	uan	uen	uang	ueng	ü	üe	üan	ün
	bian ビエン	bin ビン		bing ビぃん		bu ブー												
	pian ピエン	pin ピン		ping ピぃん		pu プー												
miu ミィエ	mian ミエン	min ミン		ming ミぃん		mu ムー												
						fu フー												
diu ディオ	dian ディエン			ding ディん		du ドゥー		duo ドゥオ		dui ドゥイ	duan ドゥアン	dun ドゥン						
	tian ティエン			ting ティん		tu トゥー		tuo トゥオ		tui トゥイ	tuan トゥアン	tun トゥン						
niu ニィオ	nian ニエン	nin ニン	niang ニぃャん	ning ニぃん		nu ヌー		nuo ヌゥオ			nuan ヌゥアン				nü ニュイ	nüe ニュエ		
liu リィオ	lian リエン	lin リン	liang リぃャん	ling リぃん		lu ルー		luo ルゥオ			luan ルゥアン	lun ルゥン			lü リュイ	lüe リュエ		
						gu グー	gua グゥア	guo グゥオ	guai グゥァイ	gui グイ	guan グゥアン	gun グゥン	guang グゥアん					
						ku クー	kua クゥア	kuo クゥオ	kuai クゥァイ	kui クイ	kuan クゥアン	kun クゥン	kuang クゥアん					
						hu フー	hua フゥア	huo フゥオ	huai フゥァイ	hui フイ	huan フゥアン	hun フゥン	huang フゥアん					

中国語の母音と子音・その組み合わせでできる音②

母音\子音	a	o	e	-i	er	ai	ei	ao	ou	an	en	ang	eng	ong	i	ia	ie	iao
j															ji ジー	jia ジィア	jie ジィエ	jiao ジィアオ
q															qi チー	qia チィア	qie チィエ	qiao チァオ
x															xi シー	xia シィア	xie シィエ	xiao シァオ
zh	zha ぢァ		zhe ぢヲ	zhi ぢー		zhai ぢァイ	zhei ぢェイ	zhao ぢァオ	zhou ぢォウ	zhan ぢァン	zhen ぢェン	zhang ぢゃん	zheng ぢゅん	zhong ぢぉん				
ch	cha ちァ		che ちヲ	chi ちー		chai ちァイ		chao ちァオ	chou ちォウ	chan ちァン	chen ちェン	chang ちゃん	cheng ちゅん	chong ちぉん				
sh	sha しァ		she しヲ	shi しー		shai しァイ	shei しェイ	shao しァオ	shou しォウ	shan しァン	shen しェン	shang しゃん	sheng しゅん					
r			re るヲ	ri りー				rao らァオ	rou ろォウ	ran らァン	ren れェン	rang らゃん	reng るゅん	rong ろぉん				
z	za ザァ		ze ゼヲ	zi ズー		zai ザァイ	zei ゼェイ	zao ザァオ	zou ゾォウ	zan ザァン	zen ゼェン	zang ザゃん	zeng ゾゅん	zong ゾぉん				
c	ca ツァ		ce ツヲ	ci ツー		cai ツァイ		cao ツァオ	cou ツォウ	can ツァン	cen ツェン	cang ツゃん	ceng ツゅん	cong ツぉん				
s	sa サァ		se ソヲ	si スー		sai サァイ		sao サァオ	sou スォウ	san サァン	sen セェン	sang サゃん	seng セゅん	song スぉん				
子音なしの時	a ア	o オ	e ヲ		er アる	ai アイ	ei エイ	ao アオ	ou オウ	an アン	en エン	ang ゃん	eng ゅん	ong ぉん	yi イー	ya ヤー	ye ィエ	yao ィアオ

※読み仮名はあくまでも参考です

◆ ng の「ん」と区別するため、n で終わる音は「ン」と表記。この音は、日本語の「案内（アンナイ）」と発音した時の「ン」に近い。
◆ e 音は「ヲ」と表記する。

iou	ian	in	iang	ing	iong	u	ua	uo	uai	uei	uan	uen	uang	ueng	ü	üe	üan	ün
jiu ジィオ	jian ジェン	jin ジン	jiang ジィあん	jing ジィん	jiong ジョん										ju ジュイ	jue ジュエ	juan ジュアン	jun ジュイン
qiu チィオ	qian チェン	qin チン	qiang チィあん	qing チィん	qiong チョん										qu チュイ	que チュエ	quan チュアン	qun チュイン
xiu シィオ	xian シェン	xin シン	xiang シィあん	xing シィん	xiong ショん										xu シュイ	xue シュエ	xuan シュアン	xun シュイン
						zhu ぢゅ	zhua ぢゅア	zhuo ぢゅオ	zhuai ぢゅアイ	zhui ぢゅイ	zhuan ぢゅアン	zhun ぢゅン	zhuang ぢゅあん					
						chu ちゅ	chua ちゅア	chuo ちゅオ	chuai ちゅアイ	chui ちゅイ	chuan ちゅアン	chun ちゅン	chuang ちゅあん					
						shu しゅ	shua しゅア	shuo しゅオ	shuai しゅアイ	shui しゅイ	shuan しゅアン	shun しゅン	shuang しゅあん					
						ru るぅ	rua るぅア	ruo るぅオ		rui るぅイ	ruan るぅアン	run るぅン						
						zu ズゥ		zuo ズゥオ		zui ズゥイ	zuan ズゥアン	zun ズゥン						
						cu ツゥ		cuo ツゥオ		cui ツゥイ	cuan ツゥアン	cun ツゥン						
						su スゥ		suo スゥオ		sui スゥイ	suan スゥアン	sun スゥン						
you イオウ	yan イエン	yin イン	yang イあん	ying イん	yong イョん	wu ウー	wa ゥア	wo ゥオ	wai ワイ	wei ゥエイ	wan ゥアン	wen ゥオん	wang ゥあん	weng ゥおん	yu ユィ	yue ユエ	yuan ユアン	yun ユイン

※「i」の発音は前に子音がつかないとき、「y」をつける。同様に「u」には「w」をつけ、「ü」には「yu」をつける。

第1章

このフレーズで最強チームを作れ!

01

ありがとう。

谢谢你。

谢谢你。
Xièxie nǐ.

シエシェ ニー。

ありがとう。

　もし会社の人間関係が冷え切っているのなら、この言葉を忘れたところからきています。職場のひとりひとりの顔を見てみましょう。70億人が住むこの広い地球で、なぜ今、その中国の人と仕事をしているのでしょう。国籍を超えた日々のやり取りの中で、文化や習慣の違いに、悩むこともあるかもしれません。意思疎通がうまくいかず、苦しむこともあるかもしれません。

　でもそれは、神からの大切なメッセージ。何かを学び、成長するためのチャンスなのです。それは、あなたに与えられたとっておきのギフトなのです。いま、あなたの番なのです。

　毎日10人の中国スタッフに伝えよう。そのうち1人はこれまで批判した人にしてみよう。些細なことほどたくさん伝えてみよう。相手ではなく、自分の心を開くのです。その扉を開くのはこの言葉。

『「ありがとう」というたったその一言が
世の中をどれだけ良くしているか
その効用は計り知れない。』
　　～松下幸之助（パナソニックグループ創業者）～

なんて呼んだらいい?

我怎么称呼你好呢?

我怎么称呼你好呢？
Wǒ zěnme chēnghu nǐ hǎo ne?

ウォ ゼンムァ チョンフ ニー ハオ ナ?

なんて呼んだらいい?

中国に赴任したばかりの方や、中国人部下ができた方が、一番始めにすること。それは、**担当する部門のスタッフの名前をすべて覚え、ひとりひとりを名前で呼ぶことです。**

14億の人口を誇る中国。王、李、張の名字の人はそれぞれ1億人いると言われています。だから名字プラス名前で呼び合うのが一般的。本人が気に入っているニックネームがあれば、その呼び方で呼んであげましょう。呼ばれたい名前で呼んであげることで、相手の存在を認めていることを表現するのです。そのうちに、出身地や子供の有無、過去の思い出など、時には込み入った話もできるようになれれば最高ですね。

スタッフが人生に目標を見出し、たどり着くまでの進路が描けるよう手助けする。その想いが最強のチームを作り、あなたの最高の喜びになるのです。

さあ、大好きな呼び方で呼んであげることから始めよう。彼の表情は一瞬で輝きを増すでしょう。

『人間は、他人の名前など一向に気にとめないが、
自分の名前になると、大いに関心を持つ。』
～デール・カーネギー (実業家) ～

あなたと働けてうれしいよ。

和你一起工作很开心。

> 和你一起工作很开心。
> Hé nǐ yìqǐ gōngzuò hěn kāixīn.
>
> ハオー ニー イーチイ ゴンズォ ヘン カイシン.
>
> あなたと働けてうれしいよ。

　帰属意識は、人間の基本的欲求のひとつです。誰でも誰かに愛されたいと思っています。愛されたいとは、つながりをもちたいということです。**影響力のある人は、こうした帰属意識の存在と重要性を知っているので、疎外感を与えないように相手に接しています。**日本人も中国人も同じ人間、ここまではまったく同じです。

　ただ、中国人は日本人よりも面子（メンツ）を大事にすることを覚えておきましょう。だから、親が子供に「自分は大事にされている」と感じさせるように、上司は部下に「自分はチームの大切な一員だ」と自覚できるように接するのです。私の感覚では、中国人の面子は日本人の10倍以上に感じます。入社10年目の李営業課長は頭が切れて、みんなから頼られるエリート女性。こちらが思いやりを示し気持ちを伝えると、報告頻度がいっきに倍になりますよ。さあ、大げさにアピールしましょう。

　明日の朝、あなたはスタッフにどんな想いを伝えますか？

> 『我々は、
> 自分自身に興味のある人間に対して、興味を抱く。』
> 　　　　　～ププリウス・シルス（古代ローマの作家）～

04

これからもその調子でがんばろうね！

今后也要保持这个劲头继续努力啊！

今后也要保持这个劲头继续努力啊！
Jīnhòu yě yào bǎochí zhège jìntóu jìxù nǔlì a!

ジンホウ イエ ヤオ バオチー ジェガ ジントウ ジィシュウ ヌーリー ア！

これからもその調子でがんばろうね！

　毎日スタッフが机に座り仕事をしているのが当たり前の風景に思えたときは、要注意かもしれません。というのは、上司や同僚のねぎらいの気持ちが伝わらなければ、自分のがんばりが報われてないという負の感情が芽生え、当初あれだけ燃えていたやる気も簡単にクールダウンしてしまうからです。

　営業担当の鄭さんは、芯をしっかり持った女性スタッフ。こちらからねぎらいの言葉をかけると、笑みがこぼれ出て、声のトーンが１オクターブ上がり、社内に良い空気が流れます。

　違う国のスタッフといつも一緒に同じ方向を見て仕事ができること、決して当たり前ではない、この奇跡をじっくり味わおう。 そしたらこんな言葉が出てくるかも！

『働くことから湧き出る喜びを味わいなさい。』
～ヘンリー・ワーズワース・ロングフェロー（作家）～

05

毎日お疲れ様ね！

每天工作好辛苦啊！

> 每天工作好辛苦啊！
> Měitiān gōngzuò hǎo xīnkǔ a!
>
> メイティエン ゴンズオ ハオ シンクゥ ア！
>
> 毎日お疲れ様ね！

「なんで中国人は……だろう？！」「日本では普通……なんだけどな〜（泣）。」中国人スタッフと仕事をしながらこんなことを感じていませんか？文化も民族も違う日本と中国。理解しがたく、戸惑うこともたくさんあると思います。**ただ、たとえどんなに矛盾や葛藤を感じても、どんなマインドで仕事に取り組むかは、あなたにすべての選択権があることを忘れてはいけません。**

では、そのマインドを選択するには、どうするか。今、ここで、この瞬間に、何が大切なのかをあるがままに見てみましょう。自分への質問を変えるのです。**「もし彼らとここで仕事をすることがきっと必然だとすると自分は何を学ぶために彼らと出会ったのだろう。」**こんなクエスチョンに答えながら、彼らと日々を過ごすと、ルーチンワークがプロジェクトに変わり、平凡な作業は偉大な事業に変わっているかもしれません。がんばっている彼らには、こんな言葉を口癖に！

『人に対して感じるあらゆるいらだちや不快感は、自分自身を理解するのに役立つ。』

〜カール・ユング（心理学者）〜

06

君は絶対うまくいくよ。

我相信你会成功的。

我相信你会成功的。
Wǒ xiāngxìn nǐ huì chénggōng de.

ウォ シァンシン ニー ホイ チョンゴン ダ.

君は絶対うまくいくよ。

"文は人なり。言葉は民族なり。"といわれるように、民族の特質は、言葉の使い方に表れます。たとえば、人にお礼を言われた時、日本語では、「私は何もしていません。」と言って、自己を否定した謙譲表現をよくします。中国語では、「当たり前のことをしただけです。」と言って、自己を肯定した言い方をします。このような言い方の違いから、和を重んじ、相手の立場を大事にしたい日本の文化と、意図を包み隠さず、率直に伝えたい中国の文化の違いがわかりますね。

中国人に接する我々日本人は、思ったことをもっとストレートに伝えてみましょう。伝えたい人に伝えたいことを今伝えよう。こんな言葉がいいですね。

『我々が利用できる資源のうちで
絶えず成長と発展を期待できる唯一のものは、
人間の能力のみである。』
～ピーター・ドラッカー（経営学者）～

07

あなたに会えて本当にうれしい。

认识你非常高兴。

```
认识你非常高兴。
Rènshi nǐ fēicháng gāoxìng.
```
レンシ ニー フェイチャン ガオシン.

あなたに会えて本当にうれしい。

　なぜ、中国に来たのでしょうか？なぜ、中国人と仕事をしているのでしょうか？ここにたどりつくまでに数えられないほどのストーリーがありましたね。この広い世界で、同じ時代に、同じ場所で、めぐり合えたこと。それはすべて奇跡としかいいようのない出来事なのです。
　あなたが無駄にした今日は、どれだけの人が願っても叶わなかった未来なのです。この奇跡を大切に想い、**もしかしたらもう二度と会えないかもしれない、そんな覚悟で相手に接することができたなら、今の中国人スタッフとの関係はどれだけ素晴らしいものに変わるでしょうか？**今ある場所ならではの輝きがある。感謝をこめて伝えたい。

『あなたとこうして出会っているこの時間は、
二度と巡っては来ないたった一度きりのものです。
だから、この一瞬を大切に思い、
今出来る最高のおもてなしをしましょう。』

〜千利休(茶聖)〜

私たちは一心同体！

我们是一条心！

我们是一条心！
Wǒmen shì yìtiáo xīn!

ウォーメン シー イーティアオ シン！

私たちは一心同体！

あなたの使う言葉は、スタッフたちの感情を引き連れています。業績があまりよくないときに、「これはピンチだ。」とあなたが口にすれば、落胆ムードがチームに伝染し、「これからもっとよくなるチャンスだ。」とあなたが口にすれば、希望の光がスタッフの顔を照らすでしょう。たとえ、政府間レベルで日本と中国との関係が悪化したとしても、中国人スタッフと共に仕事ができているこの奇跡をいま、ここで、静かに感じられたら、日常がどれだけすばらしい時間に変わるでしょうか？そして、その想いを、もしみんなで感じられたら、これから残された時間がどれだけ輝きだすでしょうか？

すべてに終わりの瞬間がある。だから今を大切にしよう。想いをチームの合言葉に！

『人がそれを見つめて、大聖堂を思い描いた瞬間、
石はただの石ではなくなる。』

〜サン・テグジュペリ（作家）〜

09

そう！そう！私もそう思うよ。

対！対！我也这么想。

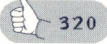

対！対！我也这么想。
Duì! Duì! Wǒ yě zhème xiǎng.

ドィ！ドィ！ウォ イエ ジャマ シァン.

そう！そう！私もそう思うよ。

あなたの功績は、「今の自分があるのは、あなたのおかげです。」と語る中国人スタッフの数に等しい。調査によると、その数は、中国人スタッフの話をどれくらいしっかり聞いていたかに比例していました。毎日の忙しい職場で、パソコンの画面を見ながら、聞き流していませんか？キーボードをたたきながら、聞いたふりをしていませんか？

相手の目を見て笑顔で聞いてあげることは、相手の自尊心を思いっきり高めることにつながります。女性の李課長と鄭さんは休み時間になると、ノンストップでおしゃべりが始まります。中国人、特に女性は話を聴くよりも、話をするのが好きな人が圧倒的に多いです。だからあなたが聞き役に徹すると、彼らはすぐにあなたのファンになるでしょう。

あなたに必要なのは、愛嬌でも才能でも洞察力でもありません。人の言葉に耳を傾ける能力なのです。しっかり相手の話を聞くことを「傾聴」と言います。これからはこの「傾聴」で、彼らの頭の中にある《自分のことを大切に扱ってくれる人リスト》にあなたの名前を入れてもらっちゃいましょう。

『成功者の特徴は、人々を助ける機会を
常に探し求めていることにある。』
　　～ブライアン・トレーシー（ビジネスコンサルタント）～

10

あなたたちを幸せにしたい。

我想让你们幸福。

我想让你们幸福。
Wǒ xiǎng ràng nǐmen xìngfú.

ウォ シァン ラン ニーメン シンフゥ.

あなたたちを幸せにしたい。

人間だれしも調子が上がらないときもあるし、仕事を怠けたいときもある。眠そうな顔で仕事をするときだってあるでしょう。そんな彼らの姿を見るたびに、ひとりでトーンダウンしたりしていませんか？

でも思い出してみましょう、彼らとのこれまでの日々。いろいろな現場でがんばっているなと感じられる瞬間がきっとたくさんあったと思います。そんな姿をありありと思いだすことを日々の習慣にしてみましょう。私は李課長が一生懸命にお客さんに商品説明している情景や張主任が会議で必死に他部署に報告しているあの瞬間をいつも思いだすのです。

そんな彼らを誇りに感じて、それぞれがもっと素晴らしい人生を送ってほしい、って思えてきます。そんな使命感こそがあなたの仕事の原動力になってきます。 うっかり言葉に出してもいいですよ。中国語ならこんな言葉。

『われわれは、
消極的に悪い習慣を捨てようと努力するよりも、
むしろ常に良い習慣を養うように心がけなければならぬ。』

～カール・ヒルティー（哲学者）～

11

もう慣れたかな？

已经习惯了吧？

 503

已经习惯了吧？
Yǐjing xíguàn le ba?
イージン シーダァン ラ バ？
もう慣れたかな？

　日本人が中国で仕事をするとき、直属の中国人部下だけに関心をもち、部下の部下のことは知ろうともしないケースがたくさんあります。直属の部下さえ通じていれば、自分の業務は問題なく遂行されると思っていませんか？

　実は、**たとえ自分が部長であっても、社長であっても、現場のスタッフにどれだけ関心を持てるか、どれだけ愛情を示せるか、それこそが組織全体の強さに大きく影響を与えているのです。** もし自分が新卒の新入社員で、社長までもがちゃんと見てくれていると実感できたなら、どれだけモチベーションが上がるでしょうか？どれだけアツい想いを込めて仕事に打ち込めるでしょうか？人は期待をかけられると、応えたくなるのです。営業の新入社員の章さん。いつも淡々と仕事をしている彼女に声をかけたその日から満面の笑みで挨拶をしてくれるようになりました。

　現状ではなく、可能性に目を向けたら、抱え込んだ仕事をちょこっと減らして部下の部下を気に留める余裕を持ってみましょう。新入社員にだってこんな言葉を！

『人は他人のことは行動で判断するのに、自分のことは決意で判断することがよくある。しかし、行動を伴わない決意は期待している人々に対する裏切りでしかない。』

～アンディ・アンドルーズ（作家）～

12

あなたなら安心だよ。
ここに気をつけるといいよ。

你的话我就不用担心了。小心这里就好了。

你的话我就不用担心了。小心这里就好了。
Nǐ de huà wǒ jiù búyòng dānxīn le. Xiǎoxīn zhèlǐ jiù hǎo le.

ニー ダ ホァ ウオ ジョウ ブーヨン ダンシン ラ. シァオシン ジャーリィ ジョウ ハオラ.

あなたなら安心だよ。ここに気をつけるといいよ。

中国人スタッフに納得してもらうために大切なことはなんでしょうか？それは相手と同じスタンスで話すことです。

自分の過去の経験を持ちだして、「自分は既にできている。あなたはできていない。」こんなスタンスで彼らと接していませんか？これでは相手はモチベーションが下がるだけで、納得するどころか話も聞きたくなくなります。「これって難しいんだよね。自分もなかなかできないんだよね。」というスタンスで接して、「だから自分はこういうところに気をつけているんだよね。」とつなぐと、中国人スタッフはすんなり納得してくれます。**面子を重んじる中国人、彼らは、自分の気持ちを分かってくれている人の話はとくに大事に聞いてくれます。**

相手を説得しようとするのではなく、本人が理解するためのお手伝いをしてあげましょう。中国人スタッフに納得してもらうには、こんな言い方で！

『自分が認められなくて構わないと言う人は、偉業を達成できる。』
　　　　　　　　　　　　　　　　　～マーク・トウェイン(作家)～

13

私たちは友達だよ！

我们是朋友嘛！

 720

我们是朋友嘛！
Wǒmen shì péngyǒu ma!

ウォーメン シー ポァンヨウ マ！

私たちは友達だよ！

私は日本人で、あなたは中国人。そこに線を引いていることが、大切な関係づくりを邪魔していませんか？

まずは相手を自分と同じ人間として見ることです。そのときに、その人と考えが一致するかどうかは気にしないこと。相手に尊敬の念を持って接すれば、自然にその人の考えを尊敬できるのですから。 分かち合い、与えましょう。心の中を打ち明けてそれを楽しむのです。違いを探すのではなく、共通点から出発してみると、スタート地点は「私」ではなく、「私たち」であることに気づくのです。そのとき、素敵な宝物たちがあなたを待っています。宝物に出会ったら、こんな言葉を！

『若者にとって幸福に欠かせないものは友情の恵みである。』
～サー・ウイリアム・オスラー（医学者）～

『友情は喜びを倍にし、悲しみを半分にする。』
～フランシス・ベーコン（哲学者）～

14

君のおかげで職場が明るくなるよ。

有你在，办公室都显得亮堂了。

> 有你在，办公室都显得亮堂了。
> Yǒu nǐ zài, bàngōngshì dōu xiǎn de liàngtang le.
>
> ヨウ ニー ザイ, バンゴンシィ ドウ シエンダ リァンタン ラ.
>
> 君のおかげで職場が明るくなるよ。

　組織としての強さは多様性で決まります。とすると、他人の個性を認め、尊重しようという気持ちが大切になります。

　先入観を全部なくして、自分と違う人の個性を尊重しよう。**自分にない才能を持っている人がいるからこそ、多様性が生まれ、組織力がアップするのです。**李さんも張さんも鄭さんも章さんも、みんな違って、みんないい。中国の方は、日本人に比べ、おしゃべり好きな人が多いように感じます。にぎやかな職場を喜んでみましょう。彼らの個性を尊重して、こんな言葉を！

『人と人の間に起こる問題のほとんどは、
誰しもがまず他人を変えようとすることから発生するのです。』
　　　　　　　　　　　　～ロバート・コンクリン（教育家）～

『人はあなたが言ったことを忘れ、あなたがしたことを忘れます。
しかし、あなたがどんな気分にさせてくれたかを、
忘れることは決してありません。』
　　　　　　　　　　　　～マヤ・アンジェロウ（詩人）～

15

君はなんでもできるね。

什么工作都难不倒你嘛。

什么工作都难不倒你嘛。
Shénme gōngzuò dōu nánbudǎo nǐ ma.

シェンマ ゴンズオ ドウ ナンブダォ ニー マ.

君はなんでもできるね。

　スタッフと接するとき、「現在の彼」を見るのではなく、「将来どんな人間になり得る彼」か、を意識してみよう。つまり、彼の潜在能力に目を向けるということです。すると、スタッフの反応は、全く違ったものになってきます。

　あなたが相手を100点満点と思って接すれば、彼は期待通りの結果をもたらしてくれるし、相手を30点と思って接すれば、彼はその程度の低いレベルの行動を取るようになります。いい気分にさせられれば、誰でも気持ちよく仕事に取り組めるものですね。営業の張主任に期待をかけると、一瞬でエリートビジネスマンに早変わり。歩く速さが25％アップしたようです。

　未来の100点の彼には、こんな言葉を！

『想像力がすべてだ。
それは、人生でこれから起こることの予告編である。』
　　　　　　～アルベルト・アインシュタイン（物理学者）～

16

入社したばかりなのに、よくこれだけ覚えたね！

虽然你刚进公司不久，但是你掌握工作的速度真快！

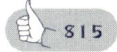

虽然你刚进公司不久，但是你掌握工作的速度真快！

Suīrán nǐ gāng jìn gōngsī bùjiǔ,
dànshì nǐ zhǎngwò gōngzuò de sùdù zhēn kuài!

スイラン ニー ガン ジン ゴンスー ブジョウ，
ダンシィ ニー ジャンウォ ゴンズオ ダ スゥドゥ ジェン クァイ！

入社したばかりなのに、よくこれだけ覚えたね！

入社したばかりの営業担当、章さん。仕事を覚えることでいっぱいいっぱい。もしかしたら、覚えることの多さに圧倒され、自分の能力に不安を持っているかもしれません。

中国人は個人プレイに終始し、組織としてチームプレイですることが苦手な面があります。その結果、新入社員に対して、まわりが十分なフォローができず、孤立してしまうことが多くあるのです。

だから、そんな時には、彼女の学びの進捗を自分がしっかり見ていることを、応援のセリフで伝えてあげましょう。あなたの言葉が1年後の未来を創る。彼女の未来に祝福を！

> 『運命を一夜で変えることはできないが
> あなたが進むべき方向を変えることは一夜でできる。』
> 〜ジム・ローン (起業家) 〜

さすが○○さん!

真不愧是○○!

真不愧是○○!
Zhēn búkuìshì ○○!
ジェン ブクイシ ○○!
さすが○○さん!

　人間は誰でも周囲の人に認めてもらいたいと思っています。自分の真価を認めてほしいのです。たとえ小さなことでも、自分が重要な存在だと感じたいのです。その気持ちに国籍なんて関係ありません。

　中国では、「自らの存在を認める」、つまり「認められている」と相手に強く感じさせることが、円滑にコミュニケーションを図る秘訣です。会社に貢献しているという実感をプレゼントしてあげましょう。それをきちんと言葉に出して明確に伝えていくことが重要です。
日本人相手のように、察してもらう、などと思っていては、何も伝わりません。

　李課長がこちらが期待したことをやってくれた時、勇気を出してひとつ行動した時、まわりの人を楽しませようとした時、もし自分が李課長だったら、まず上司のあなたになんて言われたいですか？ それが答えです。

『すべて人にせられんと思うことは、
人にもまたそのごとくせよ。』
　　　　～『聖書』の一節～

18

あなたを心から信頼しているよ。

我可是绝对信任你的哦。

S50

我可是绝对信任你的哦。
Wǒ kěshì juéduì xìnrèn nǐ de o.

ウォ クァシー ジュエドイ シンレン ニー ダ オ.

あなたを心から信頼しているよ。

人は、自分のとった行動を褒められると、その行動を自発的に繰り返す習性があります。 ただその前提として、お互いが信頼関係になければなりません。

あなたから先にスタッフに信頼していることを直接伝えてみてはいかがですか？ あなたが言葉を口から発する時、その言葉を最初に聞くのはあなたです。あなたはまず自分自身を好きになり、そのあとで彼らがあなたを好きになるのです。言葉に想いをつぎ込もう。言葉にするとみんなハッピー。この台詞をどうぞ。

『あなたが自分自身との付き合いが楽しくなかったら、
どうして他の人があなたとの付き合いを
楽しめるでしょうか？』
～ジェームス・アーサー・レイ（実業家）～

『本当の幸せになるには、
なり得る最高の人間にならなければならない。』
～アブラハム・マズロー（心理学者）～

素晴らしい仕事ぶりだね！

你的工作表现很好嘛！

> 你的工作表现很好嘛！
> Nǐ de gōngzuò biǎoxiàn hěn hǎo ma!
>
> ニー ダ ゴンズォ ビャオシエン ヘン ハオ マ！
>
> 素晴らしい仕事ぶりだね！

人は皆、自分が価値のある人間でありたいと思っています。**子供が親に認めてほしくて、新たな行動を覚えるように、大人が仕事に一生懸命取り組む原動力は、上司や同僚、顧客から認められることにあります。**

言わなくても分かってくれるだろう、というのは一番良くありません。彼らは、あなたが言葉にして認めてくれることを待ちわびているのですよ。役に立たない考えはさっさと捨ててしまいましょう。

スタッフの成長を思い描いたら、彼らのいつもの仕事ぶりを認めることからはじめてみてはいかがでしょうか？はい、それではこんな言葉を！

『人間の持つ感情のうちで
もっとも強いものは、
他人に認められることを渇望する気持ちである。』
　　　〜ウイリアム・ジェームス(心理学者)〜

あなたがいれば、大丈夫だね！

有你的话，绝对没问题！

有你的话，绝对没问题！
Yǒu nǐ de huà, juéduì méiwèntí!

ヨウ ニー ダ ホァ, ジュエドィ メイウェンティ!

あなたがいれば、大丈夫だね！

社内を見渡してみましょう。地道にコツコツがんばっているスタッフはいませんか？口数が少なく、アピールも少ないから、まわりの評価は決して高くない。それでも自分の仕事をきっちりこなしてくれている人がきっといるものです。

中国の社会では、自己主張の強い人が多いため、このような人の努力は陰に隠れ、埋もれやすいのです。

担当の章さんもそのひとり。いつも一番端の席で黙々と仕事をしてくれています。さあ、彼女に光をあてましょう。彼女の存在をしっかり認めるのです。**あなたの言葉は種。彼女の心に植える種。彼女の心の中で育ち、やがて花を咲かせるでしょう。** 自信という名の種をたくさん送ろう。満開の花が咲き、笑顔がキラキラ輝き出すように。

『あなたはあなたでいればいい。』
～マザー・テレサ（カトリック教会修道女）～

あなたのおかげで うまくいったよ。

托你的福，事情办得很顺利。

托你的福，事情办得很顺利。
Tuō nǐ de fú, shìqíng bàn de hěn shùnlì.

トゥオ ニー ダ フー, シーチン バン ダ ヘン シュンリー.

あなたのおかげでうまくいったよ。

　スタッフと仕事をして、よい成果が出た時は、すべての手柄を彼らにあげましょう。われわれの仕事は、彼らの仕事環境を整え、成果を喜び、その手柄をすべてあげること。あなたが手柄を受け取るとチームへの影響力は無くなり、あなたが手柄を与え続けるとチームへの影響力は永続します。

　あなたの心にも大きな変化が訪れるのです。これまで与えていなかったから自分の心が満たされていなかったことに気づくでしょう。**中国人には、これまでの歴史から培った優れた人間観察力があります。中国人スタッフはあなたを見て、この人は自分に面子をくれる人かどうか、この人は自分を守ってくれる人かどうか、いつも判断しているのですよ。**さあ、李課長の心に火をつけよう。手柄をあげるときは、この決め台詞で決まりです。

『感謝は最高の美徳であるのみならず、
他のすべての美徳を生み出す源だ。』
　　　　～マルクス・トゥッリウス・キケロ（政治家）～

22

よくやった！
どんな工夫をしたの？

做得好！你是怎么办到的？

👍 900

做得好！你是怎么办到的？
Zuò de hǎo! Nǐ shì zěnme bàndào de?

ズォ ダ ハオ！ニー シー ゼンマ バンダオ ダ？

よくやった！どんな工夫をしたの？

　さぁ、思いっきり大げさに褒めよう！スタッフが期待通りに動いてくれたときや、いままでできなかった仕事をこなした時はとにかくオーバーなくらいに！**スタッフがあなたに期待するよりも、もっと大きく褒めてみよう。**

　中国人スタッフと年齢が近いのであれば、ハイタッチは有効なアクションです。営業の張主任は体の大きいスポーツマン。かつてハイタッチをしなかった彼も今では自分からこちらに求めてくるくらいです。仕事をゲームのように楽しんでみよう。小学校時代のあの日に戻ろう。

『情熱がなければ
偉大なことは何ひとつ達成できない。』
〜ラルフ・ウォルドー・エマソン (哲学者) 〜

『仕事が楽しみなら人生は極楽だ。
仕事が義務なら人生は地獄だ。』
〜マクシム・ゴーリキー(作家) 〜

あなたの未来は素晴らしい。

你的未来是美好的。

你的未来是美好的。
Nǐ de wèilái shì měihǎo de.

ニー ダ ウェイライ シー メイハオ ダ.

あなたの未来は素晴らしい。

これまでの人生の中で、誰かから贈られた心に残る言葉たち。いまでも思い出すだけで幸せな気持ちにさせてくれます。同じように、誰かがあなたから贈られた言葉を一生、心地よい感情とともに思い出してくれているかもしれません。

すべてに終わりの瞬間がある。あなたがその場所を去る時、何を残しますか？自分と彼らの人生にどのような意味を与えたいですか？そのためにどんな行動をしますか？

相手が勇気を持てるような言葉を贈ってあげましょう。そしてできれば、相手の中で育っていくような言葉を贈ってあげたいものですね。褒めることが、その時見つからなくても大丈夫。その人の未来をたくさん褒めてあげましょう。こんな言葉で。

『ひとつの褒め言葉で２カ月は生きられる。』
　　　　　～マーク・トウェイン（作家）～

あなたってほんとすごいね！

你真厉害！

你真厉害！
Nǐ zhēn lìhai!

ニー ジェン リーハイ！

あなたってほんとすごいね！

　相手のどこにフォーカスして褒めてあげるかで、与える影響の大きさが全く変わってきます。新規の受注を獲ってきたスタッフの李課長。ある上司は「君の営業のやり方が素晴らしいね。」と李さんの行動にフォーカスして、彼女を褒めたところ、李さんはうれしくなっていました。また別の上司は、「君の営業スキルは素晴らしいね。」と、李さんの能力にフォーカスして、彼女を褒めたところ、李さんはもっと嬉しい気持ちになっていました。

　人は、行動より能力を褒められたほうが、よりうれしい気持ちになります。ただ、自分の存在そのものにフォーカスして褒められることほど、うれしいことはありません。《あなたそのものがすごい》ゆえに、《うまくいった》という具合に褒めてあげることです。新規受注を獲った李課長の活躍には、こんな言葉を！

『あなたの使う言葉があなたの人生を操っている。』
〜アンソニー・ロビンズ（世界 No.1 コーチ）〜

さすがだね。
お客さんがあなたを褒めていたよ。

你真厉害。顾客夸奖了你哦。

你真厉害。顾客夸奖了你哦。
Nǐ zhēn lìhai. Gùkè kuājiǎng le nǐ o.

ニー ジェン リーハイ. グゥクァ クアジァン ラ ニー オ.

さすがだね。お客さんがあなたを褒めていたよ。

　部下にとって、上司が直接自分を褒めてくれるのはうれしいものです。でも、第三者が自分を褒めていたと、上司を通じて知ることほど、うれしいことはないのではないのでしょうか？

　ですから、もし別の上司やお客さんがチームのスタッフを褒めてくれた場合には、しっかり本人に伝えてあげること、それがあなたの最重要の仕事になります。**仕事を芸術に変えるメッセンジャーボーイになろう。**このフレーズで決まりです。

『成功の秘訣は、
人を喜ばせたい、人の役に立ちたいという気持ちを
いつも持つことです。
そしてそれを仕事に反映させることです。』
　　～リチャード・ブランソン（ヴァージングループ創設者）～

26

協調性のある君に感謝しているよ。

感谢你的合作精神。

> 623

感谢你的合作精神。
Gǎnxiè nǐ de hézuò jīngshén.

ガンシェ ニー ダ ホァズオ ジンシェン.

協調性のある君に感謝しているよ。

中国で仕事をしていると、個人プレーで仕事をするスタッフが多いことにすぐに気がつきます。個人プレーは大変結構なのですが、その分、スタッフどうしや部門間の情報伝達が遅くなり、そのつながりの弱さが次第に組織力の脆さになって現れやすいのだと思います。

もし、仕事をしていく中で、社内を走り回って情報をつなぐスタッフを見つけたら、貴重な存在として、きっちりと評価しなければなりません。

営業の張主任はパソコンの前に座っている皆の間をいつも駆けまわって、他部門との情報の橋渡しをしてくれています。まるで一人で社内マラソンをしているみたいです。彼が潤滑油となって、個々の能力を引き立てているのですね。組織の中で自分の役割を全うしようとする、そんな彼には、感謝、感謝です。

> 『コミュニケーションにおいて最も大切なことは、
> 語られていないことを聞くことである。』
> 〜ピーター・ドラッカー（経営学者）〜

君の貢献を高く評価しているよ！

我高度评价你对公司所作出的贡献！

> 我高度评价你对公司所作出的贡献！
> Wǒ gāodù píngjià nǐ duì gōngsī suǒ zuòchū de gòngxiàn!
>
> ウォ ガオドゥ ピンジャー ニー ドィ ゴンスー スォ ズオチューダ ゴンシエン！
>
> 君の貢献を高く評価しているよ！

挨拶も掃除もコピー取りも、どんな雑用と呼ばれる仕事だって、それを100％の力でやることができたなら、自身にどれだけの成長があるでしょうか？チームにどれだけの勇気を与えられるでしょうか？何気ない日常が、感動を生む芸術にだって変わるかもしれません。

いつも笑顔を絶やさない人はいませんか？いつもお茶を丁寧に出してくれる人はいませんか？そんなスタッフの姿勢に気付いたなら、しっかり見届けてあげましょう。

あなたの取るに足らないたった一言がその人の人生すら変えることがある。 感謝をこめて。

『どんな小さな役割でもまずそれを立派に果たすこと。
その積み重ねが知らない間に
その人を思いもかけない有用な存在に押し上げる。』

～松下幸之助（パナソニックグループ創業者）～

あなたの成長が私の喜びです。

很高兴看到你不断成长。

很高兴看到你不断成长。
Hěn gāoxìng kàndào nǐ búduàn chéngzhǎng.

ヘン ガオシン カンダオ ニー ブードアン チョンジャン.

あなたの成長が私の喜びです。

今、中国人スタッフに対する不満を抱えている方へ。過去に囚われるのはもうやめて、未来の建設家になろう。**これまでの彼らとのすれ違いや誤解。思い出すと不快な気持ちになるかもしれません。でも、そういった違いを知ったからこそ、お互いを深く理解できたということがたくさんあります。**これも神様がくれたギフトなのです。　まずは、今日からスタッフの定義を変えてみましょう。「スタッフは、あなたとともに夢をかなえる最高のチームメート。」夢というのは、業績アップでもプロジェクト成功でも何でもいい。それらがうまくいくには、彼らの成長は不可欠なはずです。その想いを彼らに伝えてみよう。その夢が実現されたとき、どれだけの人が幸せになるでしょうか？

日本人の間の以心伝心は、海外では全く通じないと思っておいたほうがいい。だから直球勝負で行きましょう！こんな感じで言えたら完璧です。

『悲観主義者は、あらゆるチャンスに困難を見いだす。
楽観主義者は、あらゆる困難にチャンスを見いだす。』
〜ウィンストン・チャーチル（イギリス元首相）〜

29

あなたの夢は私の夢。

你的梦想就是我的梦想。

👍 720

> 你的梦想就是我的梦想。
> Nǐ de mèngxiǎng jiùshì wǒ de mèngxiǎng.
> ニー ダ モンシァン ジョウシィ ウォ ダ モンシァン.
> あなたの夢は私の夢。

　想像してみてください。もし、スタッフひとりひとりの想いをすべて汲み取ってあげられたら、どれほど素晴らしいチームになるでしょうか？もし、スタッフひとりひとりと同じ方向をみつめて仕事をしていくことができたならどれほど早く目的地に到着できるでしょうか？

　国籍も役職も年齢も関係ありません。**スタッフが変わることを待つのはもう止めて、スタッフが成長していく喜びを、目を閉じて、いま、心で感じてみるのです。**今いる場所を意味のあるものにしよう。今ここにすべてがあるのだから。彼らに伝えたくなるのはこんな言葉。

『リーダーシップとは、
相手が本当に望む姿をもたらすことである。』
　　　　〜アンソニー・ロビンズ（世界 No.1 コーチ）〜

『発見の旅とは、新しい景色を探すことではなく、
新しい目をもつことである。』
　　　　　　　〜マルセル・プルースト（作家）〜

ずっとみているよ。

我一直关注着你。

> 我一直关注着你。
> Wǒ yìzhí guānzhù zhe nǐ.
>
> ウォ イージー グァンジュー ジャ ニー.
>
> ずっとみているよ。

　ある調査によると、中国人社員の離職原因のトップは、「給与に対して不満がある」ではなく、「上司に大切に扱ってもらえていない」だったそうです。日本人と中国人が一緒に仕事をすると、コミュニケーションギャップの存在が顕著に表れます。そしてその多くは、日本人が、言わなくてもきっと分かってくれるだろうという、日本人独特の以心伝心の思想を中国人スタッフに押し付けてしまうことが原因なのです。

　中国には、自分の思ったことを率直に、直接的に相手に伝えるという、日本と反対の文化があります。ですから、**中国人と仕事をする私たちは、言葉にして話していなければ相手は分かっていないもの。と考えるのが賢明です**。それならまず、スタッフへのどんな想いを言葉にして伝えてみますか？

『人の欠点を指摘しても得るところはない。
私は常に人の長所を認めて利益を得た。』

〜ゲーテ（詩人）〜

あなたはみんなに好かれるね！

你很受大家的欢迎啊！

你很受大家的欢迎啊！
Nǐ hěn shòu dàjiā de huānyíng a!
ニー ヘン ショウ ダージャー ダ ホアンインア ！
あなたはみんなに好かれるね！

　いつも笑顔で挨拶をしてくれる運転手の単さん、いつも社内を掃除してくれている掃除係の劉さん。受注を獲ってくるわけではないから、損益計算の数字には直接関係していないように見えるけれど、よく注意してみてみると、実際は彼らのプラスのイメージが社内に伝染することで、つながりとなって各々のパフォーマンスを支えているのです。
　彼らとどんなふうに過ごしても、一日の長さは変わらない。でも、彼らとどんなふうに過ごすかで、かけがえのない時間に変わるのです。
彼らの功績に感謝をこめて！

『積極的な心的態度を持つ人の最大の特徴は、
どんなことに対しても、
良い面を発見することに長けていることです。』
　　　　　　　〜ジョセフ・マーフィー（思想家）〜

あなたはみんなの模範だよ。

你是大家的榜样哦。

你是大家的榜样哦。
Nǐ shì dàjiā de bǎngyàng o.

ニー シー ダージャー ダ バンヤン オ.

あなたはみんなの模範だよ。

いつも自分に代わって実務レベルでスタッフをまとめてくれているしっかり者の李課長。残業を厭わず、いつも一番遅くまで仕事をしてくれる新婚の張主任。毎日コツコツと日常業務を処理してくれる章さん。仕事の成果は彼らの努力なくしてありえない。彼らの仕事と人生を本気で応援しよう。心に情熱の炎を燃やそう。

人はみな、励ましの言葉を切望している。そして自分自身を最大に評価してくれる人の影響をもっとも受けていく。

彼らの仕事ぶりが当たり前に感じてきた今こそ、心をこめて、こんな言葉を贈ってあげたい。

『不変の叡智とは、
ありふれた物事に奇跡を見い出すことである。』
〜ラルフ・ウォルドー・エマソン（哲学者）〜

33

今回は、すごくいい経験をしたね！

这次是个非常好的经验啊！

这次是个非常好的经验啊！
Zhècì shì ge fēicháng hǎo de jīngyàn a!

ジェーツー シー ガ フェイチャン ハオ ダ ジンイエン ア！

今回は、すごくいい経験をしたね！

スタッフがこれまでと違う、新しい仕事をしたときには、行動したという事、それ自体をしっかり評価してあげたいものです。失敗か成功かはどうでもいいのです。人生で経験するのは、成功する経験と学習する経験だけしかない。

あなたのねぎらいのその一言で、「自分は、評価される正しいことをした」と脳にインプットされ、その想いが次の行動につながるのです。曖昧さの中に道を見つけ出し、意義のあるものへ歩いていけるのです。

スタッフが、新たな一歩を踏み出した時は、こんな言葉を贈ってあげてください！

『手にする価値のある結果だと心を決めたら、
私はひたすらそれに取り組み、
実現するまで何度でも試行錯誤を重ねる。』
　　　　〜トーマス・エジソン（発明家）〜

34

良かったね！
がんばった甲斐があったね。

太好了！你们付出的努力很值得。

> 太好了！你们付出的努力很值得。
> Tài hǎo le! Nǐmen fùchū de nǔlì hěn zhídé.
>
> タイ ハォ ラ！ ニーメン フーチュー ダ ヌゥリー ヘン ジイダゥ.
>
> 良かったね！ がんばった甲斐があったね。

　スタッフの努力が報われた時は、しっかりねぎらってあげることが大切です。**彼らのファインプレイをしっかり認め、実際に口にすることで、努力という"原因"が、成果という"結果"を生んだのだということを、鮮明に彼らの記憶に残すのです。**それがつぎの努力につながるのです。逆に、仕事をひとつ言っておいて、何も言わずに放っておけば、モチベーションはあがることはないでしょう。

　自分の努力をしっかり見ていてくれる、こんなリーダーについて行きたくなるのは、どこの国でも同じです。チームメートにどれだけ与えられるかがリーダーの求心力を決定づけているのです。ねぎらいの言葉は、これで決まりです。

『人々が機嫌よく働くためには次の3つが必要だ。
その仕事に向いていること、働きすぎないこと、
そして、やればうまくいくと感じていることだ。』

〜ジョン・ラスキン（美術評論家）〜

次はどんな伝説を創ろうか？

我们怎样创造下一个传说呢？

> 我们怎样创造下一个传说呢？
> Wǒmen zěnyàng chuàngzào xià yíge chuánshuō ne?
>
> ウォーメン ゼンヤン チュアンザォ シャー イーガ チュアンシュオ ナ？
>
> 次はどんな伝説を創ろうか？

社内で一番成績のいい王さん。実は優秀な人ほど、周囲から褒めてもらえていないことが多く、彼らは、自分で自分のモチベーションを高めているケースが多いのです。でも、自分自身を鼓舞し、意欲を駆り立てるのにも限界がありますよね。いつしか次の目標を見いだせなくなるかもしれません。

中国では一人っ子政策の影響で、特に若い世代は、根気よくモチベーション高く仕事を続ける、というのが難しい面があります。「褒める」という行為は、中国人スタッフを持ったならば非常に重要な要素となります。

だから、王さんのような優秀なスタッフには、この成績が限界ではなく、さらなる可能性があることに気付いてもらうことが大切です。優秀な王さんにはこんな崇高な言葉で心からの応援を！大げさなくらいでちょうどいいのが中国です。

『自分のビジョンや夢を魂の子供のように慈しみなさい。
それこそがあなたの究極の目標達成のための青写真である。』
～ナポレオン・ヒル（作家）～

36

君の笑顔は素敵だね。

你的笑容很有魅力。

775

你的笑容很有魅力。
Nǐ de xiàoróng hěn yǒu mèilì.

ニー ダ シャオロン ヘン ヨウ メイリー.

君の笑顔は素敵だね。

　中国で仕事をしていると、ほんとうにいろいろなピンチがやってきます。離職者が続いて、頭を悩ませたり、法令があっさり変わって、バタバタしたり。思うようにいかないことにいらつき、心騒がせてしまうことがあるものです。

　そんなとき、少しだけ口角をあげて、ちょっとだけ笑顔でいてみましょう。感情が変わるのを感じ、物事を肯定的に見ることが出来るようになってきます。そしてそのときの笑顔こそ、周りを勇気づけ、心を豊かにし、問題を解決する大きな力になるのです。あなたが微笑むと世界があなたに微笑み始めます。笑顔でいると不思議とうまくいく。いつも笑顔のスタッフ、章さんにはこんな言葉を。

『暖かい微笑みと差しのべられた手のほうが
現代科学の提供するものよりも
はるかにありがたいのだが、
後者は得易く、前者は得難い。』

〜ノーマン・カズンズ（作家）〜

楽しく行こう！

享受工作！

享受工作！
Xiǎngshòu gōngzuò!

シャンショウ ゴンズォ！

楽しく行こう！

掃除やコピー取りや会議室の手配、資料の整理・・・。仕事のなかには一見すると目立たず、面白味がないと感じるものがたくさんあります。でも誰かがやらなきゃ組織は成り立たない。どうせやるならつまらないと思うことも楽しくやりたいものですね。

大事なことは、それをワクワク楽しんでやるか、いやいや仕方なくやるかは自分で決めることができるということです。

人間の脳は、作り笑いも本当の笑いも区別しないことが科学的に証明されています。自分で楽しもうと思えば、楽しくなってくるのです。

どんなことも楽しめたなら、あなたの人生はどれだけ輝くでしょうか？どんなこともみんなと一緒に楽しめたなら、チームはどれだけ素晴らしくなるでしょうか？さあ、そのハンドルをギュッと握ったらすべてはあなたのもの。あなたの心がすべてを決めるのです。

『何事をやるにしても
ただ知っているだけの人はそれが好きな人には及ばない。
それを好きな人もそれを楽しむ人には及ばない。』

〜孔子（思想家）〜

38

君を誇りに思う。

我以你为荣。

👍 900

我以你为荣。
Wǒ yǐ nǐ wéi róng.

ウォ イー ニー ウェイ ロン.

君を誇りに思う。

　仕事も人間関係も、いつも思ったとおりになるわけではありません。とくに中国で仕事をしていると、ちょっとしたすれ違いや意見の食い違いで思い悩むことがあるものです。思いどおりにいかない中で、それでもその仕事をやるかどうか、選択の余地がないこともあります。それは、その問題が小さく見えるくらいに大きな人間になる絶好の機会なのかもしれません。

　自分自身に意識を集中させるのではなく、自分を支えてくれている人たちを考えてみましょう。どれだけの人の思いがあって今日ここまでたどり着いたのでしょうか？応援してくれる人たちの支えを感じたらどれだけの情熱がこみ上げてくるでしょうか？どれだけの勇気が湧きあがってくるでしょうか？きっと、その瞬間、違う世界が目の前に広がるかもしれません。

　自分の感情を素直に言葉にする中国人には、回りくどい言い方はやめて、素直な感情をストレートに伝えましょう。いつも目立たなくて、だれも気に留めていないけれど、それでもみんなを支えている縁の下の力持ち。そんな章さんには心をこめてこんな言葉を伝えよう。

『感謝の心は、昨日の意味を教え、今日に安心をもたらし、
明日のビジョンを描いてくれる。』

〜メロディ・ビーティ（作家）〜

第2章

このフレーズで問題や逆境を乗り越えろ！

昨日より今日。今日より明日。改善を楽しもう！

今天比昨天好，明天会比今天更好。享受改善带来的快乐！

> 今天比昨天好，明天会比今天更好。
> 享受改善带来的快乐！
>
> Jīntiān bǐ zuótiān hǎo, míngtiān huì bǐ jīntiān gènghǎo.
> Xiǎngshòu gǎishàn dàilái de kuàilè!
>
> ジンティエン ビィ ズオティエン ハオ，ミンティエン ホイ ビィ ジンティエン グァンハオ。シアンショウ ガイシャン ダイライ ダ クァイラー！
>
> 昨日より今日。今日より明日。改善を楽しもう！

すべての情熱は、不安定感の中にあります。「仕事のやる気がでない」「仕事が面白くない」こんなときって、現状維持という名の安定感を感じていませんか？それは、あなたはもっともっとチャレンジできるぞという神様からの最高のギフトかもしれません。競争企業が生き残りをかけて日々改善を続けているなか、現状維持はまさに衰退を意味します。

もともと、仕事に楽しいもつまらないも存在していません。そこにどれだけの想いがあるか、そこにどれだけの情熱を感じるか、それしか存在しないのです。毎日、スタッフと情熱を感じながら、改善に取り組めたら、どれだけ人生が素晴らしいものになるでしょうか？

人生はまったなし。この瞬間を大切に。

『望ましい環境の中で受動的に生きていくよりも、
価値ある活動に熱中して目標に向かって進んでいくことによって、
幸福は大きくなる。』

～デイヴィット・マイヤーズ（心理学者）～

あなたの仕事でもっと
よいやり方はないですか？

在你的工作中有没有更好的做法？

在你的工作中有没有更好的做法？
Zài nǐ de gōngzuò zhōng yǒuméiyǒu gèng hǎo de zuòfǎ?

ザイ ニー ダ ゴンズオ ジョン ヨウメイヨウ グンハオ ダ ズオファ？

あなたの仕事でもっとよいやり方はないですか？

　スタッフと仕事を進めるうえで忘れてはいけない前提が2つあります。**1つは、何をするにも必ずもっとよい方法があるということ。もう1つは、部門業務の実務的な習熟度は、自分よりも現場のスタッフのほうが高いということです。**

　誰かが何かおかしいと話し始めるまでは、改善はできないのですから、そうであれば、彼らとのコミュニケーションがいかに大事かがわかります。人は自分がフォーカスしたものを得る。だから、どうすれば彼らの仕事が楽になるか、どうすれば彼らの役に立つことができるかにフォーカスしてみよう。

　挨拶や雑談をしながら、いろいろな人に聞いて回ってみましょう。きっと思いがけない画期的な改善案が次々に出てきますよ。

『リーダーにとって最も重要な資質は聞いて学ぶ能力です。
なぜならば、誰もすべてを知ることは出来ないからです。』
　　　　　　　　　　　　〜エリック・シュミット（グーグル会長）〜

もっと簡単に考えてみようよ。

试试从简单的角度去思考。

> 试试从简单的角度去思考。
> Shìshi cóng jiǎndān de jiǎodù qù sīkǎo.
>
> シーシィ ツォン ジエンダン ダ ジアオドゥ チュー スーカオ．
>
> もっと簡単に考えてみようよ。

　会議をしていたり、複数人で話していると、話が複雑になってくることがあります。日本は島国で、ほぼ単一民族、歴史的にも国外から侵略を受けたことが極めて少ない。それに対して中国は大陸国で、56の民族が住み、国家交代の歴史は、いつ誰に中心的地位を奪われるかの連続でした。**そのために大きな声で自分の考えを主張し、時に自分中心の発言をすることで存在感を示そうとする国民性があるのだと思います。**

　だからでしょうか、彼らのすべての意見を聞いていたら、何のために開いた会議だったか分からなくなることがあります。すべてを簡単にしていこう。複雑にこんがらがった話を、本筋に戻したいときは、こんなフレーズが役立ちます。

> 『手段を完璧にしようとする一方で、
> 目的があいまいなこと。これが私たちの問題だ。』
> 〜アルベルト・アインシュタイン (物理学者) 〜

なにか困ってることは ありませんか？

有没有什么难办的?

有没有什么难办的？
Yǒuméiyǒu shénme nánbàn de?

ヨウメイヨウ シェンマ ナンバン ダ？

なにか困ってることはありませんか？

「どうやって彼らをマネジメントしていいか分からない。」最近中国に赴任してきた比較的若い日本人の方からこんな嘆きの言葉を聞くことがあります。すでに出来上がった仕組みの中で働くことが多い日本での仕事と違い、中国での仕事は新たに仕組みを作り上げ、中国人スタッフとともに会社を育てていくことであるため、マネジメントの難しさに否応なく直面します。

どんな人でもストレスや不安は同じように感じるものです。でも、その感情を封じ込めるのではなく、感情をシグナルとして活用してみよう。思い出してください。上司も部下も会社の中での役割に過ぎない、日本人も中国人も国籍が違うに過ぎないということです。相手も自分とまったく同じ、ひとりの人間なんです。

まずはあなたからスタッフに愛情を持って接してみることです。そうすると何をすべきかは自然に見えてくるのですから。名前を正確に言えますか？誕生日はいつですか？好きな食べ物は？彼らはあなたに関心をもってもらいたいとずっと思っているのです。彼らはあなたをずっと待っているのです。それなら明日、仕事に打ち込んでいる彼らには、こんな言葉を。

『逆境は、順境において眠っている能力を引き出す。』
〜ホメーロス（詩人）〜

こういうふうにしてくれると、私はすごいうれしい！

这件事你要是能这么办的话就太好了！

> 这件事你要是能这么办的话就太好了！
> Zhè jiàn shì nǐ yàoshi néng zhème bàn de huà jiù tài hǎo le!
>
> ジェ ジエン シー ニー ヤオシ ヌォン ジャマ バン ダ ホァ ジョウ タイハ、オラ！
>
> こういうふうにしてくれると、私はすごいうれしい！

　リーダーシップを発揮して、チームを夢の実現に連れていくには、なによりスタッフの協力が必要不可欠です。日々の仕事で協力を頼むときに、「〜してください。」「〜してよ。」という一方的な指示の出し方は、本人はそう思っていなくても、会社の立場が下の人から見ると、高圧的な態度にみえてしまうものです。それは、中国人が大切にする面子をつぶしてしまい、結果的にパフォーマンスの低下を招き、ひいては、夢の実現から遠ざかることになります。

　彼らがその行動をすることによって、自分がどういう感情になるかを伝えることによって、彼らの面子をかきたてるようにすることが大切です。 中国人スタッフの協力を引き出したいなら、こんな言い方で伝えてみましょう。

『リーダーシップとは行動であり、地位ではない。』
〜ドナルド・H・マクギャノン（実業家）〜

44

質問があれば、いつでも私のところに来てくださいね。

有什么不明白的，可以随时来问我。

> 有什么不明白的，可以随时来问我。
> Yǒu shénme bù míngbai de, kěyǐ suíshí lái wèn wǒ.
>
> ヨウ シェンマ ブー ミンバイ ダ, クァーイー スイシー ライ ウェン ウォ.
>
> 質問があれば、いつでも私のところに来てくださいね。

　なんで中国人のスタッフは、報告をしてこないんだろう？そんなことを考えたことはないでしょうか？中国には、日本のような「報・連・相」のビジネス習慣などもともとありません。逆に、「優秀な人は自分で決める。報告をする人は無能な人」と思っている人の方が断然多いのです。そんなスタッフたちにもっと報告せよといったところで、報告者＝無能者である以上、なかなか考えを変えるのは難しいでしょう。会社として、チームとして、よりよい結果を出すために、どんな形であれコミュニケーションを取らなければ、致命傷につながってしまいます。

　「報・連・相」が習慣になるまでは時間がかかるけれど、一旦習慣になれば、それは将来にわたって本人の成長になることをしっかり伝えましょう。 こんなフレーズを覚えておくと、彼らとの距離が一気に縮まり、業務の進捗を共有しやすくなります。

> 「はじめは人が習慣を作り、
> それから習慣が人を作る。」
> 〜ジョン・ドライデン(詩人) 〜

まず事実だけ教えてくださいね。

首先你只需要告诉我事实。

> 首先你只需要告诉我事实。
> Shǒuxiān nǐ zhǐ xūyào gàosu wǒ shìshí.
>
> ショウシエン ニー ジー シューヤオ ガオス ウォ シーシー．
>
> まず事実だけ教えてくださいね。

悪い内容の報告を受けるとき、「事実」なのか「報告者の判断」なのか混合している場合が非常に多くあります。自分が部下の立場であると考えてみましょう。**上司に対して自分の都合の悪い話などしたくない、できるかぎり問題を小さく見せようとするのが人の通常の心理です。**とくに、中国には面子をとても大切にする国民性があります。自分にマイナスになることは極力話さず、自分の解釈でいいように報告することがある、と覚えておきましょう。

私たちの意思決定で最も大切なのは、事実はなにか、ということ。スタッフが事実と判断をごちゃごちゃに話してきたら、こんな質問で情報の整理を手伝ってあげましょう。

『効果的なチームワークを発揮するチームは、
ミスが少ないどころか、他のチームよりミスが多い。
それはより多くのミスを起こすのではなく、
より多くのミスを報告するからだった。』
～エイミー・C・エドモンソン（ビジネススクール教授）～

46

大丈夫。
失敗は成功に不可欠なんだ。

没关系。失败是成功之母。

> 没关系。失败是成功之母。
> Méiguānxi. Shībài shì chénggōngzhīmǔ.
>
> メイグアンシ. シーバイ シィ チョンゴンジームゥ.
>
> 大丈夫。失敗は成功に不可欠なんだ。

　行動を起こせば、必ず障害が起こります。目の前に大きな障害があるなら、大きな行動を起こしたということ。それは喜ぶべきことです。それだけ早いスピードで成長している証拠だからです。

中国人スタッフが仕事で失敗したなら、彼が挑戦したという事実をしっかり褒めてあげましょう。頑張った話や大変だった話を最後まで一切否定せずにうんうんと聞いてあげるのです。

　多くの成功者をみると、笑ってしまうくらい、実に多くの失敗をしています。というよりもそれを失敗と思っておらず、うまくいかない方法をひとつ学んだ、つまり学ぶためのギフトをもらったと捉えているのです。ギフトをもらったら、スタッフと喜びましょう。

『リスクを冒さなければ、
成長はあり得ない。
成功している会社は
どこも山のような失敗をしている。』
～ジム・バーク（実業家）～

期待しているよ。

我看好你哦。

662

我看好你哦。
Wǒ kànhǎo nǐ o.

ウオ カンハオ ニー オ.

期待しているよ。

私たちの仕事は、スタッフにどんどん任せていって、1人1人が成長することで、自分たちがより大きなステージに出れるように舵取りすることです。

まず、あなたの中国人スタッフに対する期待を明確にしよう。期待があいまいなままでいると、単純な誤解であったとしても人間関係に大きな問題を生じさせて、コミュニケーションの決裂をもたらすことがあるからです。そして自分でやってしまうのではなく、寄りかかって頼るのではなく、スタッフに任せるという姿勢が大切です。

任せるときは、あなたならできる、と本気で思っていることを船長としてしっかり彼らに伝えてあげましょう。毎日使ってちょうどいい、こんな言葉で！

『自分でできることやすべきことを
その人のためにしてあげても本当の助けにはならない。』
～エイブラハム・リンカーン（アメリカ合衆国16代大統領）～

48

じゃあ、違う方法で やってみようよ。

那就用其他的方法试试吧。

那就用其他的方法试试吧。
Nàjiù yòng qítā de fāngfǎ shìshi ba.

ナー ジョウ ヨン チーター ダ ファンファ シーシ バ.

じゃあ、違う方法でやってみようよ。

プロジェクトが行き詰ると、皆のモチベーションが下がり、社内が暗いムードになるものです。**ここで絶対に忘れてはいけないことは、その結果を得るための方法は、決してひとつではないということです。**

組織が路頭に迷い、どうにもこうにもいかないときに気持ちを切り替えて、ビジョンをもう一度示せる人、その人はリーダーになります。相手に力を求めるのでなく、自分の内側に強さを求めてみよう。これまで経験してきたすべては今のため。必要なものはすべて自分の中にある。だからこれまで培った知恵を使って中国人スタッフと何ができるのか想像してみよう。リーダーはこんな言葉を口癖に。

『私は決して落ち込んだりしない。
うまくいかない方法をひとつ捨てるたびに、
また一歩前進しているのだから。』

～トーマス・エジソン（発明家）～

49

君ならできるよ。

你一定行。

你一定行。
Nǐ yídìng xíng.

ニー イーディン シン.

君ならできるよ。

人は、うまくできないと思った時、脳がフル回転して、できない理由を探し始めます。そして、ちょうどいい理由が見つかると、その言葉を言い訳にして、行動に移さない自分を許容していきます。逆にいえば、出来そうに思えるものには、できる理由を探し出し、それが行動として現れます。**スタッフができない理由を並べてきた時は、その人の性格や能力、過去の実績から、できる理由を山ほど伝えてあげましょう。**

ダイヤモンドも暗闇の中ではただの石ころにすぎません。光があるからダイヤモンドの輝きがあるのです。その光を送るのは、あなたです。まずは、この言葉を切り口にどうぞ！

『本当の腹底から出たものでなければ、
人を心から動かすことは断じてできない。』

～ゲーテ（詩人）～

誰でも間違いはあるよ。大丈夫！

是人都会犯错，没关系的！

> 是人都会犯错，没关系的！
> Shì rén dōu huì fàncuò, méiguānxi de!
>
> シィ レン ドウ ホイ ファンツォ, メイグアンシ ダ！
>
> 誰でも間違いはあるよ。大丈夫！

　人は、人を幸せにすることで自分も幸せに感じる生き物です。中国人スタッフの成長に焦点を当てると、彼らの成長があなたの喜びに変わります。

　仕事をしていれば、どんな人でもミスをすることがあります。そんなスタッフを見つけたら、過去に自分もたくさんミスをしてきたことを思い出そう。そしていつでも、いつまでも大切な存在だと伝えよう。たとえその次もまたミスをしたとしても、それでも自分はそばにいると伝えよう。スタッフがミスしたとき、そのミスが次の成功を生むような言い方をしてあげると、名誉挽回とばかりに、今度はあなたのためにがんばるようになりますよ。

　あなたのエールでチームは輝く！

『成功に興味のある人は
失敗のことを頂点に登り詰めるためには避けて通れない、
健全な一過程としてみなせるようにならなくてはならない。』
　　　　　　　　　　　〜ジョイズ・ブラザーズ（心理学者）〜

51

よし、その方法でやってみよう。

好，就按照这个方法尝试一下。

好，就按照这个方法尝试一下。
Hǎo, jiù ànzhào zhège fāngfǎ chángshì yíxià.

ハオ, ジョウ アンジャオ ジェガ ファンファ チャンシー イーシャー.

よし、その方法でやってみよう。

スタッフに仕事のゴールを示し、仕事を任せたとき、あなたにいろいろな提案や相談をしてくるようになれば、シメタもの。その時は、親身になって助言を与え、誠実に対応していきましょう。そしてたいていの場合、失敗の損失などたかが知れています。

責任を取る覚悟を決めたら、できる限り、彼らのやり方を尊重し、失敗を経験させましょう。あなたのそんな一言を彼らは待っているのです。

遠くに輝くゴールをみんなで見つめたら、最初の一歩を踏み出そう。こんな言葉で背中を押してあげましょう！

『困難だから、やろうとしないのではない。
やろうとしないから、困難なのだ。』

～セネカ(哲学者)～

失敗してもいいから、思うようにやってごらん。

就算失败了也没关系，按照你的想法做一次试试。

919

> 就算失败了也没关系，
> 按照你的想法做一次试试。
>
> Jiùsuàn shībài le yě méiguānxi,
> ànzhào nǐ de xiǎngfǎ zuò yícì shìshi.
>
> ジョウスアン シーバイ ラ イェ メイグアンシ,
> アンジャオ ニー ダ シャンファ ズオ イーツウ シーシィ.
>
> 失敗してもいいから、思うようにやってごらん。

スタッフには、できる限り自分で考えて、仕事を進める能力を培っていってほしいものです。いつもポイントポイントで報告に来る彼から、しばらく報告が止まるときがありませんか？もしかしたら、決定することに躊躇してしまって、迷路の中を彷徨っているサインかもしれません。

もしそのことが、うまくいっても、うまくいかなくても、会社経営に大きな影響を与えないのであれば、彼の経験と成長のため、授業料だと割り切って、彼のやり方に任せきってみてはいかがですか？

失敗したって、それはハッピーエンドを盛り上げるための演出。それは成功を深く味わうためのスパイス。未来は保証を求める人ではなく、リスクを冒す人の手の中にあるのです。だから、条件がそろうのを待つのをやめて、今持っているものを信じていこう。

『人生の最高の栄光は、
絶対に倒れないことではなく、
倒れるたびに起き上がることである。』
　　　　～ ネルソン・マンデラ（南アフリカ共和国第8代大統領）～

第2章　このフレーズで問題や逆境を乗り越えろ！

53

みんなでこの会社を変えよう。

让我们一起来改变公司。

> 让我们一起来改变公司。
> Ràng wǒmen yìqǐ lái gǎibiàn gōngsī.
>
> ラン ウォーメン イーチィ ライ ガイビエン ゴンスー.
>
> みんなでこの会社を変えよう。

なにも起こらないことを祈っていると、小さな問題が怖くなってくるものです。だから問題をなくすことではなく、問題が気にならなくなり、楽しめるくらいの目的地を目指してみよう。過去にこだわるのはもうやめにして、素晴らしい未来に目を向けよう。

会社の業績が上がらない時や、全体的に停滞感を感じた時、なにか手を打たなければなりません。こんなとき、日本人特有の曖昧な言い方は良い結果を生みません。中国人には理解しづらく、求心力を損なうのです。誇張した表現を使った大きな共通の意識づけが必要です。

言葉には力があります。あなたの使う言葉は、そのままチームに影響を与えるのです。思い切ってこんな合言葉を使ってみてはいかがでしょうか？

『人生の目的をはっきり決めて、
それに従って自分のすべての行動を組み立てろ。』
～ブライアン・トレーシー（ビジネスコンサルタント）～

あなたがこの会社になくては ならない人材だと思っているよ。

我认为你是这家公司不可或缺的人才。

我认为你是这家公司不可或缺的人才。
Wǒ rènwéi nǐ shì zhè jiā gōngsī bùkěhuòquē de réncái.

ウォ レンウェイ ニー シー ジャ ジィア ゴンスー ブークァホーチュエ ダ レンツァイ.

あなたがこの会社になくてはならない人材だと思っているよ。

スタッフが仕事にやりがいを見い出せず、退職を申し出てきた時、どのような対応をしますか？中国人は、日本人に比べ、自分の感情や欲望に忠実なところがあります。その分、感情の起伏が激しく、勢いで物事を決めることが多いと感じています。

まずは、存在感を認めてあげることから始めましょう。会社に貢献してくれている大切なスタッフに対しては、その想いをしっかり伝えることが大切です。このフレーズで、これまでの考えが一瞬で変わります。

『障害物とは、
目標から目をそらしたときに見えるものである。』
～ヘンリー・フォード（フォードモーター創設者）～

55

責任は私がとる。
だから思いっきりやろう！

责任我来承担，你就大胆地去做吧！

> 责任我来承担，你就大胆地去做吧！
> Zérèn wǒ lái chéngdān, nǐ jiù dàdǎn de qù zuò ba.
>
> ザゥーレン ウォ ライ チョンダン, ニー ジョウ ダーダン ダ チュー ズォ バ!
>
> 責任は私がとる。だから思いっきりやろう！

スタッフがいまいち慎重になりすぎているときや、過去の失敗を引きずっているな、というときはありませんか？

できる範囲のことだけを繰り返していても、向上はしない。少しずつ負荷をあげるから、成長していけるのです。スタッフが慎重になっているのは、それだけ仕事を大事に考えているから。いたって真面目な人材なのです。

真面目な彼の能力を殺してしまうか、それともあなたが引き出してあげるか。それは、あなたの言葉で決まるのです。あなたは彼より優秀でなくてもいい。あなたは彼より答えを知ってなくてもいい。自分がまず立ち上がって、持っているものを与える勇気さえあればいい。**皆が倒れた時にはじめに立ちあがる人がリーダーです。**大切なチームメートには、こんな言葉をかけたいものです。

『人生における大きな喜びとは、
　君にはできないと世間がいうことをやることである。』
　　　　　　　　　　　　　～バジェット（経済学者）～

私はいつもあなたの味方だよ。

我会一直支持你的。

我会一直支持你的。
Wǒ huì yìzhí zhīchí nǐ de.

ウォ ホイ イージー ジーチ ニー ダ。

私はいつもあなたの味方だよ。

　誰かのたった一言が、人生を変えることがある。言葉は、出口のない真っ暗な暗闇からキラキラ輝いた世界に一瞬で連れていくことだってできる。言葉は、退屈で平凡な毎日を情熱にあふれる素敵な日々に一瞬で変えることだってできる。**あなたの想いは、言葉を通じて相手の人生すら変える力があるのです。**

　会社でひとり、皆に溶け込めず孤独を感じているスタッフはいませんか？彼に必要なのはあなたの言葉。愛する仲間には、今こそ想いを伝えよう！

『他者のために
時間と力を費やしたときに一番の充実と幸せがある。』
　　〜ジョン・C・マクスウェル（インジョイグループ創設者）〜

失敗の先を見てみよう。
最後にうまくいくから大丈夫。
看看失败的前方吧。别担心，你最终会成功的。

> 看看失败的前方吧。别担心，你最终会成功的。
> Kànkan shībài de qiánfāng ba. Bié dānxīn, nǐ zuìzhōng huì chénggōng de.

カンカン シーバイ ダ チエンファン バ。ビエ ダンシン，ニー ズィジョン ホイ チョンゴン ダ．

失敗の先を見てみよう。最後にうまくいくから大丈夫。

プロジェクトの目標達成に向けて、皆で仕事をしていくと、思いがけない障害にぶちあたり、多くの失敗を味わうかもしれません。そんなとき、計画を遅らせたり、それぞれの役割分担を変更したり、場合によっては、目標自体をより現実的なものにしてもいいのです。**絶対にやってはいけないのは、下がったモチベーションに流されて、そのプロジェクトの取組みを諦めてしまうことです。**

目標があることによって、今、ここで、どれだけ変われるか、そこにこそ価値があるのです。チームが壁にぶち当たったら、立ち上がればいい。本当の幸せとは成功に向かうプロセスの中で成長を感じられること。それを味わうために生きているのです。こんな言葉が役立ちます。

『もし間違いをする自由がないとしたら、
自由には全く価値がない。』
〜マハトマ・ガンジー（インド独立の父）〜

58

あなたなら絶対できるよ。
私が保証するよ。

你绝对可以做到，我保证。

> 你绝对可以做到，我保证。
> Nǐ juéduì kěyǐ zuòdào, wǒ bǎozhèng.
>
> ニー ジュエドィ クァーイー ズオダォ, ウォ バォジョン.
>
> あなたなら絶対できるよ。私が保証するよ。

スタッフが失敗して自信を失ったとき、彼の頭の中はマイナスの言葉で支配されています。「自分はなんでできないのだろう？」「次もうまくいかないのではないだろうか？」「自分のせいでまわりに迷惑をかけてないだろうか？」 中国人は自分の感情を素直に表情に表わします。張主任の表情を見ると、何かあったのだろうと分かるのです。でも彼がどんなに落ち込んでいても、それは単なる思い込み。いつだって、本当にほしいものはその恐怖の先にある。あなたのプラスの確信はそれらをすべてひっくり返す力があるのですよ。

人は皆励ましを必要としている。あなたの心からの励ましはすべてを変えるのです。こんな言葉をかけられたら、最高です。

『できると信じても、できないと信じても、どちらも正しい。』
～ヘンリー・フォード（フォードモーター創設者）～

59

あきらめるな！

不要放弃！

683

> 不要放弃！
> Búyào fàngqì!
>
> ブーヤオ ファンチー！
>
> あきらめるな！

　意気込んで行った新規顧客の営業から戻った鄭さん、肩を落としたところをみると思いのほか手ごわかった様子です。そんなときは、結果はともかく、彼女が行動したという事実を心から褒めてみましょう。そしてよりよい方法を学ぶ機会がやって来たことを一緒に喜ぶのです。**うまくいかなければ方法を変えればいい。乗り越えられない問題など降りかかることはないのだから。**彼女がもう一歩成長するために、そして彼女の仕事と人生により大きな価値を与えるために、この問題がギフトとして起こってくれたのです。彼女が立ちあがるのをしっかり見守っていこう。そこにあるのは、感動の世界。あきらめない想いが奇跡を生む。ただそれを信じて。

『いくつになったって、
　自分の人生をより価値あるものにするための努力をするべきだ。
　何の問題も起こらない人生が、
　素晴らしい人生なわけがないのだから。』

〜カーネル・サンダース（KFC創業者）〜

60

いまの仕事を通じて、得られるものってない?

你认为现在这个工作体现不了你的价值吗?

520

你认为现在这个工作体现不了你的价值吗?
Nǐ rènwéi xiànzài zhè ge gōngzuò tǐxiàn bu liǎo nǐ de jiàzhí ma?

ニー レンウェイ シエンザイ ジェ ガ ゴンズオ ティシエン ブ リヤオ ニー ダ ジァージィ マ?

いまの仕事を通じて、得られるものってない?

中国と日本の職場環境での一番の違い、それは離職率の高さにあります。会社からみると、せっかく育てた優秀で向上心の高い人には、もう一度考え直してもらいたいもの。そんな時には、その人の将来を一緒に考えた上で今の会社で得られるものを思い出してもらうような質問をしたいですね。

会社を去りたいと思う人は、会社や仕事のマイナス面を過大に見ていることが多いのです。だから、本人が今の仕事のなかで得られるものに改めて気づくことができれば、自分の道が正しいものとなり、今の仕事を続けてくれる可能性が高くなります。

この仕事をすることで相手はどれだけの成長ができるのか、どれだけの誇りを感じれるのか、結果を出すとどれだけの利益を享受できるのか、この視点で話すと、彼の瞳はキラキラと輝き始めます。

『人間は各々ものの見方を持っている。そして同じ一人の人間でも時が変われば同じ対象に対して違った見方をする。』

～ベッカリーア(法学者)～

61

自分がどれだけ成長したか、1年前を考えてごらん。

想想一年前的自己，你应该知道自己进步了很多。

692

> 想想一年前的自己，
> 你应该知道自己进步了很多。
>
> Xiǎngxiang yìniánqián de zìjǐ,
> nǐ yīnggāi zhīdào zìjǐ jìnbù le hěn duō.
>
> シアンシアン イーニエンチエン ダ ズージィ, ニー インガイ ジーダオ ズージィ ジンブー ラ ヘン ドゥオ.
>
> 自分がどれだけ成長したか、1年前を考えてごらん。

　結果を創っているのはその人の行動。その行動を促しているのはその人の考え方。望んだ結果を出したいなら、それに見合った考え方をしよう。

　前向きな考え方こそがプラスの結果を生むのです。中国人スタッフができない理由をいくつも並べてくるときは、後ろ向きな考え方になっている大事なサインです。あなたの仕事はただ1つ。彼が前向きだったあの瞬間を思い出させてあげましょう。他人との比較ではなく、本人の成長に目を向かせよう。

　こんなとき、**あなたの視点を変えた質問が彼の感情を変え、最後に行動を変えます。**これまでの彼の頑張りを思い出させてあげましょう。こんな言葉が似合います！

『他人と比較してものを考える習慣は、致命的な習慣である。』
〜ラッセル（哲学者）〜

そのときどんな気持ちだった？

那时候，你是什么心情？

那时候，你是什么心情？
Nà shíhou, nǐ shì shénme xīnqíng?

ナー シーホゥ, ニー シー シェンマ シンチン？

そのときどんな気持ちだった？

　チームで仕事をしていると、中国人スタッフから相談を受けることがあります。冴えない顔をしてやってきて、不快に感じた出来事を思い出して並べてきます。たいていは、家族や同僚に対する不満を聞いてほしい、といったところでしょう。

　相談者は、心のなかで自分の感情を閉じ込めているうちに、どんな感情を抱えているのか分からなくなっている場合がほとんどです。こんなときは、あなたの思う正解を伝えるのではなく、彼の感情に寄り添ってみるのです。その感情に気付かせてあげる質問をしてみましょう。感情を口にしてみるだけで、心のモヤモヤが吐き出せるので、本人の心はだいぶ楽になってくるものです。スタッフの相談には、本人の感情に気付かせる質問を！

『傷ついたことを完全に表現してはじめて、私たちは癒される。』
〜マルセル・プルースト(作家)〜

あなたの意見に興味があります。

我对你的意见很感兴趣。

```
我对你的意见很感兴趣。
Wǒ duì nǐ de yìjiàn hěn gǎn xìngqu.
```

ウォ ドィ ニー ダ イージエン ヘン ガン シンチュ.

あなたの意見に興味があります。

中国スタッフがあなたを信用するかどうかは、彼にとって、あなたが自分の面子を立ててくれる人であるかどうかにかかっています。だから、たとえあなたが正しく、絶対に相手が間違っていたとしても、ストレートに命令することでその顔をつぶすことはしてはいけません。そもそも彼自身は自分が間違っているとは思っていないのだから、感情的になって自分の正しさを証明してもうまくいかないのです。

こうしなさい！という命令ではなく、こうするとどうなるんだろう？という暗示を与えてみましょう。いつでもまずは相手を尊重する気持ちで話をじっくり聴くことから始まります。

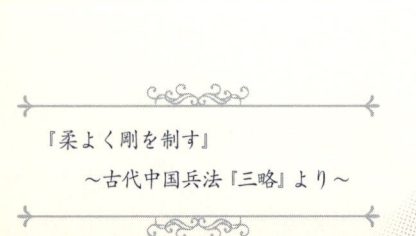

『柔よく剛を制す』
　～古代中国兵法『三略』より～

64

この会社は
あなたでもっているんだよ。

这家公司不能没有你。

这家公司不能没有你。
Zhè jiā gōngsī bùnéng méiyǒu nǐ.

ジェ ジアー ゴンスー ブヌォン メイヨウ ニー.

この会社はあなたでもっているんだよ。

　食欲や睡眠欲と同じくらい人は皆自分を価値ある存在だと思いたいという強い欲求があります。**「自分は必要とされている」という感覚が欠乏すると自分の存在価値を感じられなくて、愚痴を言ったり、やる気が出なかったり、自信を失ったりしてきます。そんなスタッフを見つけたらその人がそこにいることをまず認めてあげましょう。**

　すべてを受け入れなくてもいい。数えきれないほどのめぐりあわせを経て、相手がそこにいてくれること、その奇跡を思いながら感謝の気持ちを感じてみるのです。面子を大事にする中国人にはしっかり言葉にして伝えてあげることがとても大切です。今ここに生きよう。そこからしか人に感動を与えられないのだから。仕事でガックリ肩を落としている張さんにはこんな言葉を！

『本当の自由な心とは
認めるということである。』
　　　　～ゲーテ（詩人）～

第3章

このフレーズで会社を成功させろ！

仕事の上で、あなたが一番大事にしていることはなんですか？

在工作上你认为最重要的是什么？

在工作上你认为最重要的是什么？
Zài gōngzuò shang nǐ rènwéi zuì zhòngyào de shì shénme?

ザィ ゴンズオ シャン ニー レンウェイ ズィ ジョンヤオ ダ シー シェンマ？

仕事の上で、あなたが一番大事にしていることはなんですか？

スタッフと仕事をしていく中で、期待した答えが返ってこないことがあると思います。そんなときに、彼にマイナスのラベルを貼って次からそのラベルを見て評価してはいませんか？

まずは、お互いの価値観を確認するところから始めましょう。人は、これまでしてきたことでしか物事をとらえられない生き物です。これまで相手がどのような状況にあり、どんな体験をしてきたのか、そして、相手の立場に立って相手がどんな価値観を持っているのかを聞きだし、自分の価値観といったいどこが違うのか見極めてみよう。相手の価値観が分かれば、それにそって応援してあげればいいのですから。そんなときは、こんな質問をしてみましょう。

『リーダーの成功は、あなたが毎日何をするかではなく、
あなたのチームが輝かしい業績を上げるかどうかである。』
～ジャック・ウェルチ (GE元CEO)～

『マネジメントの決定でよく見られる間違いは、正しい質問よりも
正しい答えを見つけることに重点を置いてしまうことだ。』
～ピーター・ドラッカー (経営学者)～

あなたの夢の実現の為に、あなたにもっとしてあげられることありませんか？

为了实现你的梦想，有什么我能帮你的吗？

为了实现你的梦想，有什么我能帮你的吗？

Wèile shíxiàn nǐ de mèngxiǎng, yǒu shénme wǒ néng bāng nǐ de ma?

ウェイラ シーシエン ニー ダ モンシアン, ヨウ シェンマ ウォ ヌォン バン ニー ダ マ？

あなたの夢の実現の為に、あなたにもっとしてあげられることありませんか？

「部下の報告がない。」「部下が何を考えているか分からない。」そんなことを毎日ぼやいていませんか？

他人と過去は変えられないから、自分の見方を変えてみよう。**国を超えても同じ組織で同じ目標に向かって切磋琢磨できるというこの奇跡、かけがえのないチームメートとして、彼ら1人1人の成長を心から願う。**そんな気持ちでスタッフと接してみるのです。起きている矛盾も葛藤も挫折も自分に必要だから起こってくれた。なにひとつ無駄なことなんてない。すべては今のため。本当はすべてうまくいっているのです。気持ちが整ったら、深呼吸をして声に出してみよう。日々切磋琢磨する中国人スタッフには人生をおおらかに感じれる言葉を贈ろう。

『気分が悪くなるということは奇妙なことだ。
決して真実ではないことを勝手に思い違いして
みじめな気持になっているのだ。』
〜デイヴィット・D・バーンズ（心理学者）〜

67

今日は○○課長の誕生日、みんなでお祝いしよう。

今天是○○课长的生日，大家一起去庆祝吧。

今天是○○课长的生日，大家一起去庆祝吧。
Jīntiān shì ○○ kèzhǎng de shēngrì, dàjiā yìqǐ qù qìngzhù ba.

ジンティエン シー ○○ クァージャン ダ ションリー、ダージアー イーチー チュー チンジュウ バ.

今日は○○課長の誕生日、みんなでお祝いしよう。

中国人スタッフともっとも簡単に関係を築くコツ、それは、誕生日を覚えておき、祝ってあげることでしょう。スタッフの誕生日リストを入手したら、手帳にすべてメモしておき、気の利いたプレゼントを準備するくらいのマメさが大切です。寒がりの鄭さんに携帯カイロと魔法瓶、本を読むのが好きな李課長におしゃれなブックカバーをプレゼントしたらとても喜んでくれたことがあります。**中国人は普段使える実用的なものを好むように思います。彼らの家族まで気にかけることができたら最高ですね。**皆でお祝い！のムードにするときは、こんなフレーズで決まりですね。

『コミュニケーションの質が人生の質を左右する。』
～アンソニー・ロビンズ（世界No.1コーチ）～

一緒にがんばろう！

一起加油！

> 一起加油！
> Yìqǐ jiāyóu!
> イーチィ ジアーヨウ！
> 一緒にがんばろう！

　過去を振り返ると、上司に言いたいけど言えなかったこと、ありませんでしたか？でも言えるタイミングを逃してしまったり、周囲も言える雰囲気でなかったり。**そう、会社のなかで部下という立場は上司にはなかなか話をしづらいものなのだということを覚えておきましょう。** 話ができないのは、本人の精神衛生上良くないし、せっかくの良いアイデアを得るチャンスを逃してしまったとすれば組織にとっても良くないことになります。上司であるあなたが、彼らが何を考えているかを知らずに、自分で全部決めてもチームの成功は難しい。しかも上司と部下が違う国籍であれば、なおさらですね。

　それなら上司のあなたから近寄ってみてはいかがでしょうか？じっくり話を聞いてみたら、心理的な距離感が一気になくなって、スムーズに仕事が進みだした、なんてことが中国ではよくあります。違う視点からの見方を知ることができたり、面白いアイデアが浮かんだりします。基本スタンスはこんなフレーズで決まりですね。

> 『きみのもっとも大切な仕事は、部下たちを育て、
> 彼らに夢に到達するチャンスを与えることだ。』
> 〜ジャック・ウェルチ（GE元CEO）〜

世界一の会社にしよう！

把这家公司办成世界第一的公司！

> 把这家公司办成世界第一的公司！
> Bǎ zhè jiā gōngsī bànchéng shìjiè dìyī de gōngsī!
>
> バァ ジャ ジィア ゴンスー バンチョン シージエ ディーイー ダ ゴンスー！
>
> 世界一の会社にしよう！

　過去の延長線上にある未来を漠然と夢見るのはやめましょう。**絶対に失敗しないと分かっていたら何をしますか？自分のありたい姿から決断しよう。過去の自分の姿からではなく、未来の自分のありたい姿から今を決めていくのです。**

　どんなチームにしたいのですか？どんな会社にしたいのですか？笑顔の絶えないチームですか？１人１人が精一杯、自分の力を発揮する会社ですか？それが実現されたとき、どんな景色がみえますか？だれが喜んでくれていますか？体のどこに意識が向いていますか？そのイメージを感じたら、心から祈るのです。そして声に出して、本気で感じてみましょう。

　成功者は２度成功する。１度目は心の中で。

『決断は自信に基づいてするのでは遅すぎる。
可能性に基づいて決断せよ。』
　　～アンソニー・ロビンズ（世界No.1コーチ）～

おっ、素晴らしいアイデアだね！

好主意！

> 好主意！
> Hǎo zhǔyì!
>
> ハオ ジューイー！
>
> おっ、素晴らしいアイデアだね！

　仕事以外の時間は、スタッフたちとたくさんコミュニケーションをとってみましょう。相手が興味があることを話題にすることです。中国の20～30代は、スポーツや漫画、インターネットや洋服に興味がある人が多く、日本人の同年代とあまり変わらないように思います。

　何気ない会話からはじまり、会議や公の場では言いづらい話ができるようになってくると、中国人の人生観や価値観が少しずつわかってきて、問題解決に向けたいろんなヒントが見えてくるものです。

　中国人スタッフと会話を楽しむことは、精神的なつながりを生み出します。そのつながりこそ、いざとなったときの団結力となって仕事の成果を決めるのです。彼らが友人に職場を見せたくなったら最高ですね。面白い事を言った張さんには、こんな言葉で応えてあげましょう！

『うまく統率されたチームでは、
心理的な安全性が確保されている。』
～エイミー・C・エドモンドソン（大学教授）～

すごく仕事ができるね！

工作能力很强啊！

工作能力很强啊！
Gōngzuò nénglì hěn qiáng a!

ゴンズォ ヌォンリー ヘン チャン ア！

すごく仕事ができるね！

「スタッフが○○してくれたら自分はハッピーになれる。」という思考回路はもう壊してしまいましょう。悩みやストレスが次から次へとやってきて、心の欲求を満たすことができないからです。

今日からは「すでにハッピーな自分がスタッフとともに○○を達成していく。」と考えてみるのです。

最近、スタッフを褒めたのはいつですか？仕事をしてくれて当たり前。ミスをしないで当然でしょ。そんな思考が頭をよぎった時は、彼らを褒めるのに最適なタイミング。どうせなら褒めることを、あなた自身が心から楽しんでみましょう。毎日何回褒めたか数えてみましょう。わずかなことでも惜しみなく、心から褒めてみよう。

『褒め言葉は、人間にふりそそぐ日光のようなものだ。
それなしには、花咲くことも成長することもできない。
我々は、事あるごとに批判の冷たい風を人に吹き付けるが、
褒め言葉という暖かい日光を人に注ごうとはなかなかしない。』

〜ジュス・レアー（心理学者）〜

72

やり方は任せるが、この結果は必ず出してほしい。

你怎么做我不管，但要达到我要求的效果。

954

你怎么做我不管，但要达到我要求的效果。
Nǐ zěnme zuò wǒ bùguǎn, dàn yào dádào wǒ yāoqiú de xiàoguǒ.

ニー ゼンマ ズォ ウォ ブグアン, ダン ヤオ ダーダォ ウォ ヤオチョウ ダ シャオグオ.

やり方は任せるが、この結果は必ず出してほしい。

あなたの仕事は、彼らにどんどん仕事を任せ、失敗を経験させること。そしてその先にある成功体験をたくさん積んでもらおう。早く成功したいなら、失敗を2倍の速さで経験させること。中国では日本特有の関係部署との根回しなんて要りません。トップダウンでサクサク行きましょう。トップが適切なビジョンを示したときあなたはチームの動きの速さに驚くかもしれません。中国人と仕事をする醍醐味はここにあるのです。

だから、**指示の出し方は、「結果はMUSTで、やり方は自由」になります**。中国語でいう場合は、こんなフレーズで決まり。あなたに任されたことで、スタッフの自尊心は満たされ、最高のパフォーマンスを発揮してくれますよ。

『素晴らしい計画は不要だ。計画は5％、実行が95％だ。』
～カルロス・ゴーン（日産自動車CEO）～

『作戦そのものは役に立たない。
作戦を立てる行為こそが不可欠なのだ。』
～ドワイト・D・アイゼンハワー（アメリカ合衆国34代大統領）～

いつまでにできますか？

什么时候可以完成?

> 什么时候可以完成？
> Shénme shíhou kěyǐ wánchéng?
>
> シェンマ シーホウ クァーイー ワンチョン？
>
> いつまでにできますか？

　中国人スタッフに仕事を任せると、「すぐやります。」という返事をもらうことがあります。日本人同士であれば、だいたい30分か、せいぜい2時間もあればやってくれると考えますが、中国人との仕事の場面では、痛い目を見ることがあります。数日後に確認したらまだ取りかかっていなくてみんなで大慌て、ということだって、私自身、身を持って経験してきました。まず、私たち日本人は、中国人の時間の観念は、日本人のそれとは異なっていることを理解することが大切です。中国が変わっていると考えるのではなく、世界にはいろいろな時間の観念があるのだと考えよう。

　お互いに誤解が生じないよう、中国人スタッフへの指示や依頼は締め切りをはっきり決めましょう。相手の立場に立って、こんな質問を！

『人生は短い。
　この書物を読めば、あの書物は読めないのである。』
　　　　　　　　　　　　　　　〜ジョン・ラスキン（思想家）〜

この結果を出すために、する必要のないことはなんだろう？

为了达到这样的效果，我们没必要做的事情是哪些？

为了达到这样的效果，我们没必要做的事情是哪些？

Wèile dádào zhèyàng de xiàoguǒ,
wǒmen méi bìyào zuò de shìqing shì nǎxiē?

ウェイラ ダーダォ ジェヤン ダ シャオグォ,
ウォーメン メイ ビーヤオ ズォ ダ シーチン シー ナーシェ？

この結果を出すために、する必要のないことはなんだろう？

みんなで目標を決めるとき、あれもこれもと、やるべきことがでてくるものですね。この場合、たいてい目標未達成に終わります。本当にやらなければならないことを絞るのです。**そのために大切なのは、やらなくていいことを先に決めておくことです。**「これさえできたら今年1年悔いはない。」そんな目標を1つか2つ決めたら、それだけにフォーカスすることです。会議ではこんな感じで言ってみましょう。

『なにをやるのか決めるのは簡単。
何をやらないかを決めるのが難しい。』
　　　　　　　　〜マイケル・デル（デル創設者）〜

『もともとやるべきでなかったことを
効率よくやることほど非効率なことはない。』
　　　　　　　　〜ピーター・ドラッカー（経営学者）〜

75

現状はどうなってる？

現在情况如何？

> 現在情况如何？
> Xiànzài qíngkuàng rúhé?
>
> シエンザイ チンクアン ルーハォー？
>
> 現状はどうなってる？

　会議でスタッフを集め、目標設定や改善・対策について話し合うとき、まず最初にすべきことは何か。それは、どういう方向に進もうかを決めることではありません。また、どんな問題に直面しているのかを探すことでもありません。

　最初にすべきは、自分達が今どこにいるのかを、冷静に分析することです。 目標に向かうときの最初の第一歩は、現在地から始まるのですから。中国語ではこんな感じで言います。ぜひ会議の御供に。

『リーダーの最初の役割は、
現実を明確にすることである。
そして、最後の役割は"ありがとう。"と言うことである。』
　　　　～マックス・デプリー（ハーマン・ミラーCEO）～

『人は自分が今いる場所と理想の場所との間に横たわる
溝を埋めるために苦しむ。』
　　　　～アール・ナイチンゲール（実業家）～

76

たしかにそうだね。でも彼の部門の立場から考えてみるとどう思う？

确实如此啊，但如果从他那个部门的立场来考虑的话你怎么认为？

S23

确实如此啊，但如果从他那个部门的立场来考虑的话你怎么认为？

Quèshí rúcǐ a, dàn rúguǒ cóng tā nàge bùmén de lìchǎng lái kǎolǜ de huà nǐ zěnme rènwéi?

チュエシー ルーツー ア、ダン ルーグォ ツォン ター ナーガ ブーメン ダ リーチャン ライ カオリュー ダ ホァ ニー ゼンマ レンウェイ？

たしかにそうだね。でも彼の部門の立場から考えてみるとどう思う？

真面目なスタッフは、自分の与えられた仕事をきっちりこなしていくでしょう。ただ中国では、自分の部門にとってのベストだけを考えて仕事をすることが非常に多く見られます。日本のようにチームプレーを重んじる文化ではなく、激しい競争の中から培われた個人プレーを大切にする文化があるからでしょう。私たちは、彼らのベストな選択が、会社にとってベストな選択であるかどうかはしっかり見極める必要があります。

そんな彼らには、**いったん肯定することで中国人独特の面子を最大限尊重し、そのうえで角度を変えた質問をすることで、今までの考え方の範囲をやさしく広げてあげるのです。**別の視点から一度考えてもらいたい時のセリフは、これで決まりです。

『いかに優れた部分最適でも、全体最適には勝てない。』
〜ピーター・ドラッカー（経営学者）〜

77

この会議の目的はなんだったっけ？

这个会议的目的是什么来着？

S66

> 这个会议的目的是什么来着？
> Zhège huìyì de mùdì shì shénme láizhe?
>
> ジェガ ホイィー ダ ムーディー シー シェンマ ライジャ？
>
> この会議の目的はなんだったっけ？

中国人同士の会議に参加していると、話題の論点があちこち飛んでしまったり、議論のための議論になってしまったり。ひいては、お互いの意見同士がぶつかりあって収拾がつかなくなったりしませんか？ **空気までも読もうとする日本人と比べると、中国人は、自分の感情や欲望に忠実なので、思ったことを口にする傾向がある**ことが原因でしょう。

こんなときは、なんのためにこの会議を開いているのか、そのステージに返らせてあげることが大切です。あなたが先に未来に行って、彼らの道標となろう。参加者の視点を一気にシフトさせるには、こんな言葉が役にたちます！！

『進むべき方向を知るためには、
目的地を決めておかなければならない。
そうでないなら、それは仕事をするようなふりをして
なにかを待っているにすぎない。』
〜トム・モナハン（ドミノピザ創業者）〜

この経験から学べることって なんだろうね？

从这次的经验中，我们可以学到什么呢?

从这次的经验中，我们可以学到什么呢？
Cóng zhècì de jīngyàn zhōng, wǒmen kěyǐ xuédào shénme ne?

ツォン ジェーツー ダ ジンイエン ジョン，ウォーメン クァーイー シュエダオ シェンマ ナ？

この経験から学べることってなんだろうね？

人は、誰かに押し付けられた意見よりも、自分で思いついた意見を大事にします。 とくに、自己主張の強い人が多い中国では、日本人にくらべてその傾向が強いことを覚えておきましょう。

ここ数日、表情が曇りがちの鄭さん。こんな時はどんなに忙しくても一緒に話をする時間を創ろう。そして、あなたの質問で思っていることや悩んでいることを聞いてみましょう。頭の中にあるモヤモヤなものを一緒になって明確なものにしていくのです。「これが正解だよ。」とあなたの答えを教えるのではなく。相手の「これやりたい。」という心の叫びを引き出してあげましょう。

その瞬間、鄭さんの表情が雲ひとつない晴れ空に変わるのです。

『なにが起きたかによって人生が決まるのではなく、
起きた出来事に対して
どんな意味づけをし、どんな決断をするか、
私たちは常に人生を創造しているのである。』

～アンソニー・ロビンズ（世界 No.1 コーチ）～

あとがき
〜すべては心のあり方から〜

　長年、中国人と共に仕事をしてきて思うことは、中国人も日本人も考えていることや悩んでいることは同じだということです。中国人も日本人と同じように、こちらが褒めると嬉しくなり、認めるともっと頑張ろうと思い、信じるとこの人に尽くそうと思うのです。

　書店を覗けば、やっかいで不可解な中国人とのかかわり方を延々と説明している本がたくさん並んでいます。もし、中国人とうまく仕事をしていこうと思うなら、そういったテクニックを追い求めるのではなく、あなた自身の心のあり方をもっと大事にすることです。

　あなたが彼らに対して何をするか、どのように振る舞うかではなく、あなたがどんな想いを込めて彼らに接していくか、それこそが中国ビジネス成功のカギを握ると私は信じています。

　言葉には人を幸せにする力があります。

　本書で紹介した中国語フレーズを使って、どうかあなたの想いを素直に周りの中国人に伝えてみてください。あなたが勇気を出してその想いを言葉にして伝えることで、彼らと心地よい調和が生まれ、心の充実を共に感じながらゴールに向かうことができるでしょう。中国語が流暢でなくても大丈夫。彼らとの関係を築くために中国語フレーズを一生懸命伝えようとするあなたのその姿は、もうすでに彼らの心を動かしているはずです。

　人生が出逢いによって創られるように、本書の出版も、本当にたくさんの方々との出逢いの中から生まれました。感謝の気持ちで胸がいっぱいです。

　一凛堂代表取締役社長の稲垣麻由美さんには私に出版への道

を明るく照らしていただき、編集者の山田仁さんのご尽力で出版が実現しました。本当に感謝しております。

また、私のメンターであり、『情熱思考』(中経出版)の著者、是久昌信さんと夫人の貴美さんには、公私ともにお世話になり、日々の学びがこうして形になりました。『本がどんどん読める本』(講談社プラスアルファ文庫)の著者、園善博先生には、脳科学に基づく速習法を直接指導いただきました。中国ビジネスの第一線で活躍されるUTS上海の古閑涼二社長には、構想段階から私の想いに共感していただき、執筆活動の原動力となりました。一般財団法人グローバル人材育成協会の瀬尾洋子副理事長には、電話でいつも励まされパワーをもらいました。株式会社マエカワケアサービスの前川有一朗社長からの暖かい心遣いにはいつも勇気をもらっていました。株式会社ケーエスオートの鈴木慶太社長は、これからの私に大切なことを教えてくれました。本当にありがとうございます。

出版が決まった時、まるで自分のことのように喜んでくれた斉藤幸作さん、本当にありがとう！オーストラリアのアンソニーロビンズセミナーで共に志を見つけた仲間やフローマネジメントセミナーで寝食を共にした仲間、フルマラソンやトライアスロンに一緒に挑戦した仲間、会社で切磋琢磨する仲間、取引先の皆様、そしてこれまで出会ったすべての方々のおかげです。本当にありがとうございました。

本書の中国語の最終校正には通訳者の草野みどりさんと王東さんにご協力いただきました。お力を頂いたこと、心より感謝しております。

最後に、いつも心配ばかりかけてきた父と母へ。これまで本当にありがとう。親孝行はこれからです。

　　　　　　　中国の大地で、日本へつながる空を見ながら。

～いつも応援してくれる皆様へ、感謝をこめて～

瀧澤勉さん、山田ヒロミさん、秋葉睦美さん、谷口英子さん、小畑希久子さん、柳元和夫さん、谷田部淳さん、西村貴好さん、小倉奈々さん、角田真住さん、坂野道明さん、藤井康晴さん、橘比沙子さん、谷口弘記さん、青柳孝予さん、井口宏大さん、西原靖彦さん、山田育穂さん、金松月さん、重田直人さん、山岡義則さん、西尾浩さん、金井泰樹さん、柴田浩子さん、田中宏明さん、渡邉陽子さん、荒井公基さん、山本真美さん、松田里絵さん、山崎摂子さん、長島由紀子さん、奥田杏子さん、池澤陽子さん、中島亨さん、白鳥澄江さん、中川尚美さん、和田典子さん、鳥海望美さん、外岡靖子さん、三川佳奈子さん、曾敏春さん、松原吉宏さん、星野絢子さん、蒲田浩麗さん、足立敏也さん、西井周一郎さん、本間英俊さん、田口圭吾さん、関利和さん、塩田美砂子さん、鮎川詢裕子さん、朝田思乃さん、菅沼康雄さん、三好英之さん、今西智洋さん、宮原理子さん、鷲山靖浩さん、住吉優さん、竹内桂司さん、竹澤京介さん、中村智子さん、柴喜三郎さん、小嶋麗さん、松枝洋祐さん、松枝かずみさん、松枝鴎祐さん、松枝漱祐さん、渡邊洸一さん、渡邊千春さん、渡邉秀子さん、田丸博士さん、清宮三雄さん、太田明美さん、宗像倫子さん、宗像真子さん、舘下範行さん、上野均さん、金井雅樹さん、川内清正さん、長縄朝さん、坂本てる子さん、安西ますみさん、杏あつこさん、笛木貴視さん、河田栞さん、佐藤有希子さん、野村祐介さん、武井尚久さん、東聖也さん、張果林さん、山本浩史さん、中林真希子さん、川嶋美穂さん、堀之内謙郎さん、堀之内弘江さん、島田堅太郎さん、柏木大輔さん、柏木京子さん、四元幸春さん、小泉守さん、高木克寿夫さん、野村武志さん、須永淑子さん、李兆蕾さん、高原義典さん、永松満さん、落合良幸さん、砂原正樹さん、塚原崇さん、橋詰優さん、佐藤亮太さん、岸本亜泉さん、山本昌久さん、井上真弓さん、永野和子さん、今吉玲子さん、河野万里子さん、山本育子さん、清水康一朗さん、二階堂由貴さん、前山亜杜武さん、小原千明さん、百瀬卓也さん、塚本裕章さん、北倉幸生さん、小川正さん、渡邉洋一さん、國分伸浩さん、松島博さん、笠原恵さん、水野俊哉さん、加藤千草さん、武内三穂さん、鈴木彩香さん、高久亮さん、外賀なおみさん、武一彦さん、池田貴将さん、有里奈々さん。(順不同)

謝謝！